一部 信金の女が落ちた背信の恋 175

DTP　美創

文中に登場する人物の年齢は公判当時のものです。

第一部

絶対君主が支配する虐待の家

絶対君主が支配する虐待の家

2016.3.5

「絶対君主」。自らそう名乗る祖母と、付き従う母。二人の10年以上続く壮絶な虐待に、女子高生は殺害を決意した。計画を打ち明けられた姉がとった行動は――。

２０１６年2月23日、札幌地裁８０６号法廷。

「二人を殺害してほしくないと思っていました。でも、彼女の願いをかなえることが自分のできることだと思いました」。黒のスーツに身を包み法廷に現れた長女（24）は証言台に立ち、裁判員の前で弁護人の被告人質問に答えた。母と祖母を殺した三女（18）を、睡眠導入剤や手袋を用意して手助けしたという殺人幇助《ほうじょ》の罪で起訴された。

札幌市中心部から東に約25キロ。北海道南幌町の閑静な住宅街で事件は起きた。

14年10月1日午前0時半。当時高校2年生だった三女は自宅で就寝中の母（当時47）と祖母

(当時71)を台所にあった包丁で刺して殺害した。二人の遺体には多数の刺し傷があった。三女は殺害後、家を荒らし、強盗による犯行に見せかけていた。

当時、姉妹は祖母と母との4人暮らしだった。両親は10年ほど前に離婚。次女は父と暮らしていた。祖母と母は幼いころから三女を虐待し続けてきた。長女は祖母に従順という理由で、虐待を受けることはほとんどなかった。

弁護人「(三女は)祖母と母が嫌いだったのですか」
長女「はい。祖母に暴力を振るわれ、母はそれをただ見ているだけでした」
弁護人「どんなことをすると祖母は暴力を振るうのですか」
長女「家の中を歩いていたら、突然たたかれていました」
弁護人「祖母は三女を嫌いだったのですか」
長女「『子どもは一人でいい』と言われていました。『犬猫みたいで嫌だ』とも」
弁護人「暴力を振るわれて、(三女が)泣いたりすると祖母はどうしましたか」
長女「うるさいと言って、声が出ないようにガムテープを口に巻きました。涙でテープがぐちゃぐちゃになってとれそうになると、口から頭にも巻き付けていました。鼻が少し出るか出ないかくらいの状態でした」

三女は小学校に上がる前の04年2月、児童相談所に一時保護された。祖母に足を引っかけられ、頭に重傷を負い、児童相談所が「虐待の疑いがある」と判断したためだった。

弁護人「そのときのことを覚えていますか」
長女「(三女が) 自宅で顔を真っ白にして倒れていました。すぐに救急車で運ばれました」
弁護人「その後、どうなると思いましたか」
長女「ようやく祖母らが警察に怒られ、助かるんだと思いました」
弁護人「児相の人には話を聞かれましたか」
長女「はい……でも、聞かれた部屋の扉のすぐ向こう側に祖母と母がいました」

その後、母親が児相に三女を迎えに行き、三女は自宅に戻ることになる。

弁護人「どう感じましたか」
長女「大人を頼ることはできないと思いました」

児相の一時保護の後、三女への虐待はさらに深刻化していった。
弁護人「方法が変わったのですか」
長女「床下の収納部分に閉じ込められたり、冬でも裸で外に出されたりして水をかけられていました」

2月24日、裁判官からも虐待の内容を問われた。
裁判官「今まで見た妹の虐待で一番ひどいのは」
長女「食事が一番印象に残っています」
裁判官「どのような」
長女「小麦粉を焼いて、マヨネーズをかけて、生ゴミを載せられていました。はき出しても、無理やり口に入れられて、食べさせられていました」
裁判官「生ゴミというのは、台所の三角コーナーにあるようなものですか」
長女「台所の排水のところにあるものです。柿やリンゴの皮やへた、お茶の葉が多かったです」

虐待がエスカレートするなか、周りに助けを求めることはできなかったのか。

弁護人「親戚に相談することは」
長女「祖母は親戚の悪口を言っており、連絡を取ることはできませんでした」
弁護人「近所の人には言えなかったのですか」
長女「以前、妹たちが相談しましたが、結局は祖母らに話が行って、ひどいことをされていました」
弁護人「どんなことを」
長女「『お前、よくもありもしないことをペラペラ言いやがって』と言って、風呂場で冷水をかけられたり、床下に閉じ込められたりしていました」

三女が高校に通い始めると、祖母らからの暴力は少しずつ減っていったという。三女の高校生活について、長女は「楽しそうで、友人にも恵まれていた」と話した。

検察官「三女が高校生になって、祖母とはうまくいくようになったのですか」

長女「三女は、(家の)仕事さえやれば何も言われないというのがわかってきていました。ただ、暴力や嫌がらせが全くなくなったわけではありません」

では、三女の殺害動機は、どこにあったのか。

検察側は論告で、三女の殺意の直接のきっかけについて「親しい友人との関係から家を出たいという思いだった」と指摘した。

ちょうどそのころ、長女も自宅を出るという話が持ち上がった。

長女は高校を卒業後、医療福祉の専門学校を経て、近所の薬局に勤めていた。事件前、長女は男性との交際について祖母に相談。男性の職場の事情などから冬場は二人で札幌市中心部の近くに住みたいと伝えた。

弁護人「祖母に何と言われたのですか」

長女「何回も『出てけ』と言われました。月3万出せば、縁を切ってやると言われ、悲しくなりました。私はお金目的なんだと」

弁護人「どう思いましたか」

長女「もう何を言っても無駄だ。縁を切って、家を出て行こうと思いました」

弁護人「三女のことは」
長女「出て行ったら、三女は一人になります。家事や金銭面、二人の重圧がすべて行くと思いました」

検察官は三女の供述調書を読み上げ、その胸中を明らかにした。

長女に家を出たいと伝えられた三女は「『出て行ってほしくない』と思い、どうすれば一緒に住めるかを考えたが、思いつかず、沈黙が続いた」。そして、長女は三女に愚痴をこぼした。

「おばあちゃん、いなくなればいいのに」

二人は、祖母と母がこの世からいなくなるという妄想に会話を弾ませた。車のタイヤをいじれば事故死に見せかけられる。強盗に入られて、二人だけやられればいいのに。殺し屋を雇ってみようか――。

長女はストレスを発散するように冗談半分で話していた。だが、三女は違った。「これまでも殺すことを考えたことはあったが、一人で全部やるのは無理だと思っていた。でも、姉も同じ気持ちだと知った」

三女は事件前、友人との電話の中で、身内を殺害することを伝えた。友人から理由を問われると、「自分とお姉ちゃんの自由のため」と答えた。

そして、三女は殺害の準備を始める。二人を眠らせるための薬、強盗に見せかけるために使う手袋を手に入れるよう長女に頼んだ。
長女は「いざとなったら殺害することなんてできない。高校生ができるわけない」と思っていたが、三女は心を決めていた。「姉は『本気なの？』と聞いてきたが、計画は完全にできていた。殺すとき、殺した後のことを何度も想像した」

あの日。勤務先から帰ると、三女が裸のような姿で家にいた。風呂場には血のついた包丁が落ちていた。「聞かない方がいい」。三女は静かに言った。
逮捕前、長女は三女にひたすら謝罪の言葉を述べたという。「私が止められなかったこと、解決策が見つからず三女の生活を壊してしまったことを謝りました」

2月24日の被告人質問。
検察官「人を殺す以外の選択肢は本当になかったんですか」
長女「(三女が) 一度、札幌に逃げたことがあったけれど、二人に見つかりました。どこに行っても追いかけてくるのが恐ろしかったです」

検察官「殺害前、三女に『やめよう』とは言えなかったのですか」
長女「この家族にいい思い出、家族らしい思い出がなくて、（三女がやろうとしていることが）正しいと思ってしまいました」

三女は逮捕され、今は医療少年院にいる。月に1度、二人は手紙をやりとりしている。長女は事件後、交際相手との間に子どもができた。「妹が戻ってきたら、今まで感じられなかった家族というものを感じられるよう一緒に生活したい」

裁判長は2月26日、長女に懲役3年執行猶予5年の判決を言い渡した。

裁判長は姉妹の置かれた状況に同情を示し、「犯情が低い事案」としながらも、「これからやり直していくにあたって、事件を絶対に忘れないようにしてください」と説諭した。長女は涙声で「はい」と小さくうなずいた。

（光墨祥吾）

＊追記　検察側、被告側とも控訴せず、判決は確定した。

個人情報を売った金の行き先

2016.2.6

通信教育大手ベネッセホールディングスの顧客情報が大量に流出した事件。元システムエンジニア（ＳＥ）の男は、他人の個人情報を売った金であるものを買っていた──。

２０１５年12月11日、東京地裁立川支部。不正競争防止法違反の罪に問われた元ＳＥの被告(41)は証言台で、黒縁の眼鏡の奥から裁判長を見つめた。

弁護人「あなたが個人情報をコピーして、売却したことは間違いないですね」

被告「はい」

起訴状によると、被告は勤務先だったベネッセ子会社の多摩事業所（東京都多摩市）内で、ベネッセの顧客データベースに接続。名前や生年月日、住所などの個人情報約３０００万件を私有のスマートフォンに転送し、名簿業者に見せたとされる。被告は当時、システム開発に携わっていた。

弁護人「売却を思いついたのはいつですか」

被告「平成25（2013）年7月。スマホの充電を忘れて、業務用パソコンにつないで充電したら、（スマホが）外部の記録媒体として認識されました。適当なファイルを移したら、記録できました」

業務用パソコンはセキュリティー上、外部媒体を認識できないはずだったが、一部の最新のスマホ機種だけは設定から漏れていた。

当時、被告の妻は二人目の子を妊娠。切迫早産の危険性があり入院中で、病院の保証金に加えて、月に十数万円の入院費がかかっていた。被告の給与は手取りで月30万円ほど。絞り出すような口調で振り返った。「ひっぱくしている状態でした。（妻が）強制退院させられたらどうしようもなくなると思って」

被告は10年に自己破産。それ以降も高金利の借金を重ねていた。検察側は借金について、ギャンブルによるものだと指摘。被告は「無職になった時期に生活のために借りたお金」と反論した。いずれにせよ、借金の返済を迫られ、生活に余裕はなかった。
追い詰められていた被告は、スマホにファイルを転送できることを知った翌日、さっそく大量の顧客情報を持ち出す。ネットで買い取りに応じる業者を探し、うち1社から返事があった。30万円程度で売ったという。

弁護人「お金は何に使ったんですか」
被告「病院の支払いと高金利の借金の支払いです」
弁護人「手元にはいくら残ったんですか」
被告「10万円程度。翌月以降の支払いもあったので、できれば増やしたいと思いました」
弁護人「一部報道では、ギャンブルに使っていたと出ていますが」
被告「私としては投資の意味で競艇に使いました」
弁護人「競艇はギャンブルでは」
被告「やみくもに買うのではなく、今までの傾向や当たりの統計を取って、分析し、一番いい買い方をしました」

株取引や外国為替証拠金取引（FX）も考えたというが、まとまった金がすぐに必要だった。

全国のどこかで毎日開催している競艇はうってつけだったという。被告は各会場の当たりの傾向や各選手の勝率を計算したエクセルファイルを作成。分析しながら買い続けた。

弁護人「結果はどうでしたか」
被告「最初はだめでしたけど、半年ぐらい経ったころには、負けない程度になりました」
弁護人「結局、手元にお金は残らなかった？」
被告「支払いが毎月あるので、それを準備するために（理論通りではなく）購入を続けて、そうなって（お金が残らなくなって）しまいました」
弁護人「リスクを冒したと」
被告「そうです」
弁護人「それをギャンブルと言うのでは」

少しの間、沈黙する。

被告「概念としては、難しいところだと思います」
弁護人「お金を増やそうとしたけどだめで、また（個人情報を）取得した？」

被告「はい、そうです」
弁護人「やめようとは」
被告「やめようと思うこともありましたが、結局続けてしまいました。毎月の支払いがあったので」

被告の妻も証人として出廷した。二人はインターネットのコミュニティーサイトで知り合った。第一印象について妻は「無口だけど優しい人」と話した。

弁護人「競艇に行っていたことは」
妻「わかりませんでした」
弁護人「競艇は投資だと言っていますが」
妻「私はギャンブルだと思います」
弁護人「あなたとしては今後はどうしようと？」
妻「子どもたちと一緒に主人の実家に移り、主人を待つ覚悟を決めました」
弁護人「またギャンブルを始めたら？」
妻「そのときは……。（被告のもとを）去ろうと思います」

被告は、じっと手元のノートを見つめていた。
公判を通じて、被告が何度か声をうわずらせる場面があった。その一つが、検察官に競艇がギャンブルかどうかを問い詰められたときだった。

検察官「今でも競艇を投資の一種だと思っているんですか」
被告「はい」
検察官「考えは変わらない？」
被告「変わりません」
検察官「個人情報を売って、競艇に使った後ろめたさはなかったのですか」
被告「なかったわけではないですが、そのとき考えられる一番効率のいい方法がそれしかなかった」

続けて裁判長も尋ねる。

裁判長「個人情報の売却をやめられなかった原因は」

被告「自分が弱かったからだと思います」

裁判長「個人情報が漏れて、心配している人たちについては」

被告「申し訳なかった」

16年1月28日にあった論告で検察側は懲役5年、罰金300万円を求刑。検察官は「同種事案に比べて文字通り桁違いに大量の顧客情報が流出した。動機は身勝手きわまりなく、酌量《しゃくりょう》すべき事情は全くない」と指摘した。

一方、弁護側は最終弁論で、被告が顧客情報を取得できたのは、セキュリティーに問題があったためで、不正競争防止法が定める「営業秘密」にはあたらないとして、無罪を主張。仮に営業秘密だとしても、「配偶者の第二子の妊娠と切迫早産というやむを得ない事情があり、酌量の余地がある」と執行猶予付きの判決を求めた。

最後に証言台の前に立った被告は、両手を体の前で握り、話し始めた。「お客さんや関係者にご迷惑をかけたことは深く反省しています」

（坂本進）

＊追記

東京地裁立川支部は判決公判で、「身勝手かつ短絡的」などとして、懲役3年6カ月、罰金300万円を言い渡した。その後、17年3月21日にあった東京高裁での控訴審判決は、顧客情報の管理が不適切だったベネッセ側にも落ち度があったと認め、一審判決を破棄。懲役2年6カ月、罰金300万円に減刑した。

2016.2.20

才に溺れた厚労省の赤シャツ

マイナンバー制度の運用開始直前に発覚した関連業務での汚職事件。「厚労省の赤シャツ」とも呼ばれたという異色の公務員は、少しやつれた様子で法廷に現れた——。

東京地裁、725号法廷。厚生労働省情報政策担当参事官室元室長補佐の被告（46）の初公判は、年の瀬も迫った2015年12月24日にあった。

カラーシャツや派手なスーツに、整髪料で固めたオールバックの髪……。マイナンバー通知の時期と重なったことに加え、逮捕時に報じられた公務員らしからぬ風貌《ふうぼう》は世間の注目を集めた。しかし、この日の被告はダークスーツにネクタイをしめ、白髪交じりの髪を無造作におろしていた。2日前、被告は厚労省を懲戒免職となっていた。

被告「マイナンバー制度の開始時期と重なり、政策に携わった関係者、政府全体の信頼を失墜させた影響は大きいと悔いています。結果を重く受け止めています」

事件に至る経緯はこうだ。

被告は高校卒業後、国家公務員試験3種に合格。いわゆる「ノンキャリア組」として1991年に当時の厚生省に入省し、病院勤務などを経て、2005年に厚労省の医療関係の情報室に異動した。電子カルテなど医療情報の電子化などに関わり、その分野に精通していく。

事件が起きた11年当時も、医療や社会保障制度の情報化政策の企画立案を担当。マイナンバー制度の活用を検討するためのワーキンググループでも、被告は中心的役割を担ったという。

しかし、事件はそのマイナンバー導入に向けた調査業務の公募で起きる。被告は知人男性が社長を務めていた東京都千代田区のシステム開発会社がこの業務を受注できるよう、同社の関係者に仕様書の原案などを作らせた。同社の受注が確実とわかった11年11月。被告は同社の社長室に出向き、指を1本立て、男性に現金100万円を要求したという。

被告「起こしてしまったことについて、深く反省しています」

受け取った100万円はクレジットカードの決済、住宅ローンの支払いなどに消えたという。

なぜそこまで金に困っていたのか。

被告「大半は地方へ赴くための旅費などでした」

検察官の冒頭陳述などによると、被告は地方で自分の興味のある事業があると、それに協力しようと出張を重ねた。それらの事業は厚労省の施策に関連してはいても、同省の事業そのものではない。出張費は出ず、交通費や宿泊費は自腹。しかも新幹線はグリーン車を利用し、泊まるのは高級ホテルだった。しばらくは講師として呼ばれた際の講演料などで帳尻を合わせたが、次第にクレジットカードの決済にも窮した。

事件の前月。被告は北海道での学会から帰るときに航空券を買おうとし、口座の残高不足でカードが利用停止になっていることに気づいた。被告は社長の男性に「助けてほしい」とメールした。すぐに給料日が来てこのときは金をもらわずに済んだが、資金繰りは苦しく、このままではカード会社のブラックリスト入りしてしまうという不安に駆られた。

裁判官「地方出張は仕事の関係ではなかったのですか」

被告「厚労省の命ではなく、ひいては医療の情報化に役立つだろうと、私の判断で地域の事業を見に行ってました」
裁判官「(出張の扱いなどについて)上司などに話はできなかったのですか」
被告「怠慢から怠りました」
裁判官「めんどくさい、と?」
被告「はい」
裁判官「家族に用立てを頼めなかったのですか」
被告「今にして思えば身内に頼めたが、事業者の人の方が近くに感じて、ついそちらに頼んでしまいました」

社長だった男性とは06年ごろ知り合い、タクシーチケットなどの便宜供与を受けるようになったという。

裁判官「他に手段をあまり考えずに、男性に頼んでしまったのですか」
被告「タクシーチケットのことなどがあり、依頼するハードルが下がっていたと思います」
裁判官「100万円は返すつもりはなかったのですか」

被告「もらったという認識でした」
裁判官「もらっていいと思ってしまったのはなぜですか。認識が甘かったのではないですか」
被告「はい」
法廷には双子の出産を控えた身重の妻も出廷した。「当時は夫婦それぞれ仕事に没頭し、コミュニケーションが足りませんでした。今後は私がお金を管理し、小遣い制でやっていきます」。妻はそう誓った。
検察官「何が原因だったと思いますか」
被告「基本的な倫理に欠け、公私混同し、頼むべきではない人に金を頼んだ私の認識だと思います」
検察官「公務員倫理を守ってこなかった脇の甘さが原因の一つではないですか」
被告「はい。大きな原因の一つだと思います」
被告はその知識を生かし、厚労省に在職しながら、国立大学の客員准教授なども務めていた。

被告「才に溺れていたと思います。学歴もないのに先生と呼ばれ、本来役人であれば守るルールを守ってきませんでした。おごりがありました」

後悔も口にした。

被告「医療のICT（情報通信技術）化はまだ研究分野としても歴史が浅く、関係者の熱意でようやく花開いてきました。私自身この分野で邁進《まいしん》してきましたが、関係者の期待を裏切り、申し訳ない気持ちでいっぱいです」

検察官は犯行を厳しく批判した。「背景には、部署で最も医療情報などに精通していて意のままに企画立案できるというおごりや、計画性がない金遣いがあった」。懲役1年6カ月と100万円の追徴を求刑した。

一方の弁護側。「遊ぶ金ほしさより酌量の余地がある。被告は罪を素直に認め、生活態度への考えを改めている」として執行猶予付きの判決を求めた。

16年2月16日の判決。「遊興費目的の犯行ではないが、規範意識の低さは非難されなければならない」。裁判長は、懲役1年6カ月執行猶予4年、追徴金100万円を言い渡した。判決は確定した。

（塩入彩）

ラビットケージに消えた悲鳴

2016.3.19

3歳の我が子をウサギ用のケージに閉じ込め、タオルを猿ぐつわのように巻き付けて死なせたとして、両親が逮捕された。一家は7人の子に恵まれた大家族。母親は法廷で「子どもが好きだった」と話したのだが――。

2016年2月25日、東京地裁713号法廷。父親(31)と母親(29)は、ともに黒いジャージー姿で現れた。

父親「やったことと死亡の因果関係はわかりません」
母親「(父親が)口をふさいだことは知りませんでした」

二人の起訴内容は、12年12月~13年3月、当時3歳の次男をウサギ用のケージに監禁し、口をタオルでふさいで死なせ、遺体を遺棄したというもの。初公判で二人は監禁や遺体を捨てたことは認めたが、死亡との因果関係は争う姿勢を示した。

法廷で明らかになった事件に至る経緯はこうだ。

二人の出会いは、約9年前。当時、父親が働いていたホストクラブに、母親が客として来店し、交際が始まった。やがて二人は結婚し、次々と子に恵まれた。事件当時は次男を含め5人の子どもがおり、母親は第6子を妊娠中。二人とも無職で、児童相談所は支援が必要な家庭として家庭訪問をするなどしていた。

弁護人「どうしてたくさんのお子さんを？」
母親「子どもが好きだったからです」
弁護人「お子さんが多くてどうでしたか」
母親「毎日明るく生活をしてました」

父親も料理をしたり、子どもを寝つかせるために絵本を読み聞かせたりした。法廷でそれぞれの子どもの性格や誕生日を聞かれると、父親は迷うことなくスラスラ答えた。自身も5人きようだいだったため、子どもの人数は「5人目まではなんとも思わなかった」という。

だが、育児に悩みも抱えていた。12年10月にあった3歳児健康診断の際、母親は次男が「ちゃんと話せない」と相談。言語の発達に遅滞があることが認められた。ほかのきょうだいに比べオムツがとれるのも遅く、炊飯器のご飯を勝手に食べてしまったり、床に小麦粉やごま油をまいてしまったりすることもあった。次女も次男のまねをすることがあったという。

両親は次男の育児について保健センターなどに相談。父親が児童相談所に次男を一時的に預かってもらえるよう頼んだこともあったが、断られた。「(断られて)もういいや、と思いました。こいつら口だけだな、と」

育児の相談窓口に電話したこともあった。

弁護人「電話相談ではなんと?」

父親「親の愛情が足りないと言われました。その子だけかまってあげる時間を作り、その子だけにご飯を用意するなどしてみて、と」

弁護人「それを聞いてどう思いましたか」

父親「無理だと思いました」

思い通りにならない次男に、父親は次第に手を上げるようになる。次男にアザができたため、外出させることもなくなった。そんななか、父親は幼少期を思い出す。

弁護人「あなたは4歳のときに児童養護施設に預けられましたね」
父親「はい」
弁護人「その児童養護施設では体罰が？」
父親「日常的にビンタや蹴りを入れられたり、『おくら』に入れられたりしました」
弁護人「『おくら』とは？」
父親「施設にあった石造りの蔵で、何かあると小学校に上がる前の子が入れられました」

それがウサギ用のケージにつながった。

父親「自分も『おくら』に入れられたことがあり、行動を制限できると思いました。（ケージは）『おくら』に比べて周りが見え、けがする恐れもない。残酷ではないと思いました」

リビングに置かれたケージの幅は40センチ×57センチ、内側の高さは42～43センチ程度。当時身長が90センチ近くあった次男は、体育座りなどをしてケージで過ごした。当初は1、2時間程度だったが、クリスマスの夜にほかのきょうだいのお菓子を食べてしまったことなどから、食事やオムツの交換以外はケージに入れられるようになった。排泄《はいせつ》の回数を減らすことなどを理由に、食事も1日1回から2、3日に1回に減らされていく。

出産を間近に控えた母親は止めなかった。「仕方のないことだと思いました。どんなに言っても言うことは聞かないから」

ケージは母親の希望で段ボールで囲われた。

検察官「なぜ段ボールを」
母親「見られるのが嫌だったから」
検察官「なぜ嫌だったのですか」
母親「(次男が)かわいそうだから」

そして13年3月3日未明、事件は起きた。

父親によると、午前2時ごろ、ケージに入れられていた次男が大きな声をあげ始めた。父親以外は、すでに寝静まっていた。

弁護人「それを見てどう思いましたか」
父親「正直、新手の嫌がらせだと思いました」
弁護人「なぜ」
父親「俺は次男は言うことを理解してるのに、やめないんだという認識でした。それでだんだん敵対視しちゃったのかな、と」
弁護人「パパに来てほしかったのではないですか」
父親「そうかもしれないですが、当時はそうは思えなかった」
父親はケージを開け、次男の口にタオルをくわえさせ、頭に巻き付けた。
父親「静かになってほしいと思って短絡的にした。かわいそうだとは思ったが、鼻をふさいでないし、大丈夫だろうと思いました」
翌朝、ケージの中の次男はぐったりしていた。父親は慌てて救命措置を施したが、回復しない。異変に気がついた母親が救急車を呼ぼうとしたが、父親は止めた。「通報されたら、ほかの子どもを児童相談所に連れて行かれる。そうなるのは避けたかった」

両親は次男の遺体を段ボールに入れ、ほかの子どもを連れて車で山梨県の山林に向かう。父親は「樹海に穴を掘り遺体を埋めた」と供述。一方の母親は「車から降りてないのでわからない」とした上で、山梨県から帰った後に足立区内の荒川にも行ったと述べた。検察は「荒川で次男の遺体を遺棄した」と指摘した。

翌日、母親の提案で一家は千葉県のテーマパークへ。「子どもに大きなショックを与えたので、気分転換で」

両親はマネキン人形を購入し、児相などが家庭訪問した際には、人形で次男が寝ているように見せかけ、周囲に死を隠した。

14年6月、「次男がいなくなっている」との情報をもとに児相や警視庁が立ち入り調査。二人は当初、次男の死を隠して児童手当などを受け取った詐欺容疑で逮捕され、有罪判決を受けた。父親は次女への傷害罪でも有罪になった。

検察官「結局あなたは、問題のある子の行動を抑制し、ほかの子とだけ毎日楽しく過ごしていたのでは」
母親「そうなっていたと思います」

母親は逮捕後に第7子を出産したが、面会できたのは出産後1時間ほど。父親はその子と対面できていない。

最終意見陳述。

母親「次男を助けられず、本当にごめんなさいという思いです。今後は主人と話し合い、一からスタートしたいと思います」

父親「次男は3年しか生きられず、深く反省しています。自分の無知や対処が間違っていたことに結果が出るまで気づかなかった。ほかの子にも精神的に傷を負わせてしまった」

東京地裁は3月11日、「被害者に真に愛情を持って接していたとは到底評価できない」と二人を厳しく非難。父親へは「主導的立場で結果への寄与は大きい」として懲役9年、母親には「従属的だが、役割は軽視できない」として懲役4年の判決を言い渡した。

次男の遺体は見つかっておらず、判決でも遺棄場所は特定できないままになっている。判決は確定した。

（塩入彩）

特異な恋愛観の果ての凶行

2016.4.5

別れを告げられた腹いせに、交際中の写真をインターネット上に流す「リベンジポルノ」。世間に知られるようになったのは、東京都三鷹市で2013年、高校3年の女子生徒（当時18）が元交際相手の男に刺殺された事件がきっかけだった。ストーカー行為もしていた男が裁判で語った特異な「恋愛観」とは――。

16年3月4日から東京地裁立川支部で始まった裁判員裁判。殺人や児童買春・児童ポルノ禁止法違反（公然陳列）の罪に問われた被告（23）は証言台で姿勢を正した。

起訴状によると、被告は13年10月8日、三鷹市内の女子生徒宅に侵入。生徒の部屋のクローゼットに隠れて帰宅を待ち伏せし、ナイフで刺して殺害。さらに、交際中の写真をインターネットに流出させたとされる。

被告が立川支部で裁かれるのは2度目だ。最初の裁判員裁判では、当時起訴されていなかったリベンジポルノ行為が重視され、14年8月、懲役22年の判決が言い渡された。だが、15年2月の二審・東京高裁は「起訴していない罪で処罰したのは違法」として一審を破棄。やり直しを命じた。

娘の名誉が傷つくのを恐れ、リベンジポルノについて告訴を見送っていた女子生徒の両親は、裁判のやり直しが決まってから「すべて処罰してほしい」と告訴。検察側はリベンジポルノの罪も追起訴し、再び裁判が開かれた。

3月9日の被告人質問。

弁護人「殺害の動機は」

被告「自分が何者ともつかない、将来への悲観。彼女が他の男性と一緒になってしまうのではないかという焦燥感。そして彼女を失った喪失感からです。つらく、苦しく、悲しく、この苦痛を断ち切るには殺害するしかないと思いました」

滑舌よく、抑揚をつけた話しぶり。被告の声は傍聴席の後方まではっきり届いた。

弁護人「焦燥感とはどういうことか」
被告「彼女が他の異性と交際するたびに、自分の唯一性が失われてしまうということです」
弁護人「唯一性？」
被告「彼女にとって、自分が特別な存在だという意味です。彼女は私のすべてでした」

裁判員には14年夏に開かれた前回裁判の被告人質問の様子がＤＶＤ映像で示された。その中で、被告は女子生徒と親しくなるまでの経緯を語っていた。

ＤＶＤや冒頭陳述などによると、被告は日本人の父とフィリピン人の母の間に生まれた。２歳から日本で過ごすが、４歳のときに両親が離婚。幼少期には母親が家に帰らず、一人で夜を明かすこともよくあったという。

女子生徒とは11年7月ごろ、フェイスブックを通じて知り合った。被告は大阪在住。女子生徒は東京に住んでいたが、メッセージのやりとりを経て交際に発展した。被告は幼少期に継父に虐待されていたことなど、それまで誰にも打ち明けられなかったことを女子生徒に語るようになった。

交際が深まる一方で、被告は女子生徒に嘘をつき続ける。フェイスブックに書いていた被告の肩書は、関西の有名私立大の法学部生。実際は、高校卒業後は進学せず、コンビニでアルバイトをする生活だった。「劣等感に満たされ、インターネット上で人によく見られたいという思いがあった」（前回被告人質問のDVDから）

被告は女子生徒に冷たい態度をとり始める。本当の肩書を言うと、「見下されてしまうかなと思いました」（同）。交際が自然消滅するのを狙っていたという。

13年1月、女子生徒が別れを切り出す。ところが、いざ別れが現実になると、被告の態度は一変した。

「自分は写真を持っているから考え直した方がいい」（同）。被告は交際中に撮った写真をネットに流出させると言って関係の継続を要求。実際に、女子生徒の画像をインターネット上にさらした。

今回の裁判で追起訴された「リベンジポルノ」についての被告人質問。

弁護人「画像拡散の理由は」

被告「自分の存在証明のためと、自分の殺意を堅固たるものにするためでした」

弁護人「自己の証明とはどういうこと？」

被告「（彼女を殺害したら）もともと死ぬつもりでしたから」「（死ぬ前に）自分がこれまで

何を得てきたのか。その価値を世に残したかった」
弁護人「それがなぜ画像の拡散につながるのか」
被告「たとえば、画像拡散がなければ、マスコミからただのストーカー殺人として片付けられてしまう。『熱狂的なファンによって殺された』と第三者から反駁《はんばく》されてしまう。自分が彼女と交際していたという価値を残したかったのです」

女子生徒の父親も前回裁判に続き、再び証人として法廷に立った。女優としても活動し、将来は英語力を生かした国際的な仕事を夢見ていた一人娘。事件直前に大学への推薦入学も決まっていた。

父親「娘は希望であり、光でした。娘が欠けたことで、私たち夫婦の未来も消えた感じがします」「かつてない卑劣なストーカー殺人に強い憤りを感じる。罰するには極刑がふさわしい」

最初の裁判員裁判では被告は遺族に謝罪することはなかったが、高裁での裁判が始まるまでの間に、女子生徒の両親に謝罪の手紙を書いた。今回の裁判で弁護側が手紙を読み上げた。

「私は自分を偽り、凶器を温め、誠実に未来へ歩んでいた人の命を絶ってしまった」
被告が謝罪したいと思ったのは、女子生徒が事件直前に親友に渡していた手紙の内容を知ったからだという。女子生徒は被告について憤りながらも、「つきあっているときは楽しくいい人でもあった。すてきな思い出ばかり残っている」とも告げていた。被告は「(それを知って) 自分を正当化する気持ちが溶けていった」とつづった。
遺族は手紙を受け取らなかった。被害者の母親は法廷でこう語った。「信用できません。何ページか反省文を書けば減刑されるような軽い罪ではありません。本当に反省し、謝罪するならば、文句なく判決を受け入れるべきです」
なぜ女子生徒は殺されなくてはならなかったのか。裁判官の一人が切り込んだ。
裁判官「彼女が他の男と一緒になるくらいなら殺してやろうと思っていたのか」
被告「非常に身を焦がれる思いでしたので、殺害という思いを決意しました」
裁判官「君が言っているのは、失恋と違うの？」
被告「自分の心に占める彼女の位置づけが、すべてだったので、失恋とはまた違うと思います」
裁判官「この事件は一体何だったのかな？」

被告「誰の利益にもならないものだったと思います」

よどみなく話していた被告が、低く絞り出すような声を出す。

裁判官「結局、彼女のことは大切に思っていたんですか？　愛していたんですか？」
被告「最初から思っていませんでした」
裁判官「それはどういうことですか」
被告「愛というとらえ方が違うんだと思います。自分が彼女に施した行為は、常に自分に返ってくるものでした。利益的なもの。恋情はあったけど、愛ではなかったです」

2度目の判決は、やり直し前と同じ懲役22年（求刑懲役25年）。被告は判決の言い渡しが終わると、深く一礼した。裁判員の60代男性は閉廷後、「彼は自分の世界に入り込んで、独自の考え方、思想、信念を持っている。世間から切り離された存在になってしまっていると感じました」と話した。

被告側、検察側ともに東京高裁に控訴した。

（坂本進）

＊追記　東京高裁は17年1月24日、差し戻し後の一審判決を支持して、控訴を棄却。検察・被告側ともに上告しなかったため、懲役22年の刑が確定した。女子生徒の両親は確定後にコメントを公表。「何の落ち度もない娘の命が奪われた犯罪に対して、被害者という立場を離れても、判決は軽すぎる。司法の判断は普通の人の良識とはかけ離れている」と批判した。

「ごめん」と言いながら切りつけた

2016.4.19

「ごめんと謝りながら切りつけた」

多摩川の河川敷で2015年2月、中学1年生だった男子生徒（当時13）が遊び仲間に殺害された事件で、罪に問われた少年の一人は法廷でこう述べた。男子生徒と親しく付き合っていた少年が凄惨《せいさん》な犯行に加わるまで――。

横浜地裁101号法廷。公判初日の16年3月2日、被告（18）はきゃしゃな背を傍聴席に向け、法廷に立った。「間違いありません」

15年2月20日、川崎市の多摩川河川敷で、仲間と一緒に男子生徒にカッターナイフで切りつけ、死なせた傷害致死の罪に問われた。起訴された少年は3人。主導的な役割を果たした無職少年（19）は、殺人罪で懲役9年以上13年以下の不定期刑がすでに確定。共犯として起訴された元塗装工の少年（19）の裁判はまだ始まっていない。

判決の認定や公判から、事件の経緯をたどる。

2月19日夜。元塗装工の少年の家で、罪に問われた3人が酒を飲んでいた。「ひまです　遊びましょう　一緒に合流したいです」。午後10時45分。男子生徒から被告に無料通信アプリLINEでメッセージが入った。

被告と男子生徒は気が合い、頻繁にゲームセンターで遊んでいた。被告は男子生徒のことを周囲に「弟みたい」と言い、男子生徒も兄のように慕っていた。

だが、この日は、被告は男子生徒に会うのをためらった。1カ月前、無職少年が男子生徒を殴り、けがを負わせた。しばらくして、男子生徒の知人らが少年の家に押しかけた。無職少年はこの騒動を、男子生徒が告げ口したせいだと逆恨みし、腹を立てていた。

「会わせない方がいい」と考えた被告は「無理だね。無理なもんは無理」と返信。それでも男子生徒からは繰り返しLINEが来る。「合流しようよ」

そのうち、一緒に飲んでいた二人の会話が知らない話題になり、被告は退屈し始めた。被告は無職少年に「(男子生徒が)ひましていて、合流しませんかと言っている」と伝えた。無職少年の答えは「いいんじゃない」。

午後11時24分。被告は男子生徒に「やっぱ合流するね」と返信。このとき、無職少年は被告に、自分が一緒にいることは男子生徒に黙っておくように、と言った。

弁護人「なぜ無職少年は内緒にしてと言ったと思った？」

被告「(男子生徒を) びっくりさせるために内緒にしたのかなと思った」

日付が変わったころ、被告は男子生徒と落ち合い、ほかの二人が待つ近くの神社に向かった。

無職少年は証人として出廷した際、神社で二人を待っているときの心境を話した。

検察官「男子生徒と合流する前、何を考えていた？」

無職少年「向かっている途中、彼の知人らに家におしかけられたことを元塗装工の少年に話し、イライラしてきた。彼に話を聞いて、嘘をついたら、ヤキいれようかなと思ってました」

神社への道すがら、被告は男子生徒には気づかれないように無職少年にメッセージを送る。

「フルボッコだけにしよw」(20日午前0時46分)。無職少年の返信は「いいよ」。

弁護人「フルボッコはどういうつもりで送った？」
被告「半分は冗談。もしかしたら無職少年が彼を殴ったりするんじゃないかと思って、ほどほどにしとけよ、という思いを込めて送った」

4人は合流。無職少年は男子生徒の携帯を取り上げ、無理やり肩を組むようにして歩き始める。後を追いながら被告は思った。「やばいな、会わせなけりゃよかったな」

無職少年は男子生徒を一発殴り、さらに多摩川河川敷に向かった。河川敷に着くと、被告に言った。「どっか行け」

被告は近くのコンビニに行き、おにぎりを食べた。午前1時39分。無職少年からＬＩＮＥ電話が入る。「早く戻ってこい」。被告が急いで河川敷に戻ると、すでに男子生徒は裸にされ、体に多数の傷を負っていた。

無職少年は、被告もカッターナイフで男子生徒を切れ、と繰り返し指示。被告が断ると押し倒され、脅された。「お前もやれよ。やらないと殺すぞ」

その場はいったん元塗装工の少年が止めに入ったが、無職少年は、さらに切りつけるよう求める。

「ごめん――」。追い込まれた被告はカッターを手に取った。

3月3日の被告人質問。

弁護人「無職少年に立ち向かうとか、カッターを川に捨てるとか、逃げて助けを呼ぶとか考えなかったのか」
被告「そのときは浮かびませんでした」
弁護人「自分の何が一番問題だったと思う?」
被告「自分の考えの足りなさが事件を起こすきっかけになってしまった」

弁護人は切りつけるよう指示した無職少年にも証人尋問した。

弁護人「被告は進んで切りつけていると思った?」
無職少年「いいえ、自分が何回もやれと言ったから仕方なくやったんだと思います」

3月4日、法廷には情状鑑定をした臨床心理士が証人として出廷した。

臨床心理士「被告は積極的な行動力が乏しく、過剰なほど感情表現を抑制し、本音を出さない性格です」

臨床心理士によると、背景に生育歴があるという。被告には父親の記憶はない。フィリピン国籍の母親は結婚せずに被告を産んだ。その後、別の男性と結婚し、妹が生まれたが離婚。被告が中学生のころは、新たな交際相手と同居していた。被告は交際相手に「居場所をとられた」と感じるようになった。

事件の半年ほど前、母親は米国籍の別の男性と再婚し渡米すると言い始めた。被告は臨床心理士との面談で、母が再婚すると聞いたときの気持ちについて、「母さんの自由。自分がどう感じたところで仕方ない」と話した。事件後、母親は渡米した。

弁護人が臨床心理士に尋ねた。

弁護人「被告と母親との親子関係は」
臨床心理士「愛着関係が順調に形成されなかった。被告は愛情や甘えの欲求を我慢し続け、自己主張せず本音をおさえる性格になった」

被告自身は母親について法廷でこう述べた。

「母親はタガログ語で話すからその内容を理解できない。母親も自分が言っても（日本語が）難しいからちゃんとわからない。それで伝えなくていいやと思って会話していない」

被告は中学校で不登校になった。

弁護人「中学校は楽しかった？」
被告「いいえ」
弁護人「なぜ」
被告「もともと勉強が苦手で追いつかなくて、周りに追いつけずつまらなかった」
弁護人「バスケ部をやめた理由は」
被告「部活仲間に陰で悪口を言われていたのでやめた」
弁護人「ほかにはどんないじめを受けた」
被告「殴られたり、万引きの見張りとかさせられた」
弁護人「母親にはなぜ言わなかった？」
被告「話してもわかんないだろうと思った」

そんななか、被告は無職少年と知り合う。「オール」と呼んで夜通し遊び、賽銭《さいせん》泥棒や自転車盗を繰り返した。

無職少年も、母親はフィリピン出身。臨床心理士は家庭環境が似ていたことも、無職少年との絆《きずな》を容易に切り離せないものにしたと指摘する。

臨床心理士は「家庭環境やいじめが不良行為のきっかけで、一般的な非行化だった」と結論づけた。

3月7日に結審。男子生徒の母親は意見陳述で「(呼び出した)被告がいなければ、息子はこんな目には遭わなかった」と声を震わせた。検察は「男子生徒は被告を兄のように慕っており、被告までもが犯行に加わったことで男子生徒が感じたであろう精神的衝撃は計り知れない」と断じ、懲役4年以上8年以下を求刑した。

弁護側は「ナイフで切りつけたのは他の少年に命令されたためで、少年院でも更生可能」と刑事罰を科すのではなく、少年院に収容するよう訴えた。被告は公判の最後に「彼を助けることができなかったことが申し訳ない」と謝罪した。

3月14日の判決は、被告を懲役4年以上6年6カ月以下の刑に処した。裁判長は、慕っていた被告にまで切りつけられて亡くなった男子生徒の無念や遺族の悲しみに言及するとともに、被告が従属的立場だったことや不遇な生い立ちであることなども考慮して量刑を決めた、と述べた。

被告はじっとうつむいたまま裁判長の言葉を聞いていた。

（村上友里）

＊追記　検察側、被告側とも控訴せず、懲役４年以上６年６カ月以下の不定期刑とした横浜地裁判決が確定した。共犯として起訴された元塗装工の少年は、２０１７年１月に、最高裁で、懲役６年以上10年以下の不定期刑が確定した。

わいせつと芸術の分かれ目

2016.5.13

わいせつか芸術か――。繰り返されてきた論争に新たな1ページが加わった。問われたのは、女性器をかたどった立体作品と3Dプリンターで作成した女性器の3Dデータ。最新技術も採り入れた作品の「境界線」は――。

2015年4月15日、東京地裁425号法廷。傍聴人は荷物を預け、金属探知機で検査を受ける厳重な警備のもとで、初公判が開かれた。

「女性器を元にした私のアート作品は、わいせつではありませんので、私は無罪です」

認否を問われると、漫画家の被告（44）はこう述べた。

「女性器は自分の大事な体の一部分に過ぎないものであるのに、日本では恥ずかしい、いやらしいものとして扱われてきた。そのイメージを払拭《ふっしょく》したくて、女性器をモチーフに、ユーモアあふれる楽しい作品を作りました」

被告は11年ごろ、自身の女性器をかたどった石膏《せっこう》にさまざまな着色や装飾を施した作品を作り始め、この過程を漫画化。参加者に制作方法を教えるワークショップを開催し、後には個展も開いた。13年ごろには、自らの女性器を３Ｄプリンターでデータ化し、これを使って実際に乗れるボートを制作した。

被告は14年7月、３Ｄデータを配布したことが、わいせつ電磁的記録等送信頒布にあたるとして逮捕。すぐに釈放されたが、同年12月、東京都内のアダルトショップで石膏作品を展示したとして、わいせつ物陳列容疑で再び逮捕された。

創作物とわいせつをめぐっては、表現の自由との関係でたびたび議論を呼んだ。今回も逮捕後、芸術評論家らが「表現の自由への弾圧」と抗議声明を出し、シンポジウムも開かれた。

今回問題とされた「作品」の一つは、縦約15センチ、横約7センチ。「表面全体が濃い茶色。女性器部分の外縁には、クリーム、ビスケット、いちご、真珠のようなものが多数配置され、洋菓子のような印象を与える」（判決）という。

最高裁は判例で「芸術・思想性がわいせつ性を緩和する場合がある」としている。被告の作品は芸術なのか。

15年11月20日。上智大学国際教養学部長の林道郎《みちお》教授（美術史）が弁護側証人として出廷した。

弁護人「女性器をモチーフにすることは芸術史ではあることですか」

教授「たくさんあります。古くは原始時代から、近現代でもクールベの描いた女性器の油絵は（パリの）オルセー美術館に常設展示されている」「新しいところだとジェイミー・マッカートニー。女性器を石膏でかたどって壁に並べる作品を作った」

弁護人が被告の石膏作品について尋ねる。

教授「言われてみれば女性器だが、着色され、ある意味でかわいらしくユーモアがある。とてもわいせつとは思えない」

弁護人「これはポルノグラフィーですか」

教授「ポルノの定義は難しいが、性欲を刺激し、一定のルートにのって消費されるもの。彼女の作品は全くそうではない」

弁護人「３Ｄプリンターを使ったことは」

教授「テクノロジーとアートの関係を考えさせます。新しいテクノロジーには新しい表現の可能性がある。写真は登場したときは芸術とは見なされなかったが、今は重要な一分野だ」

検察側が提出した刑法学者の意見書で「一般人から見て芸術性は認められない」とされたことについて、教授は1冊の美術史の本を例に挙げた。

教授「この本の表紙をめくると2枚の絵がある。1枚はルーベンスが描いた若く美しい女性。もう1枚はデューラーが描いた老婆です。老婆は一般的な意味で美しい対象ではない。でもこの絵を見て我々は言いようのない感動を覚えるのです。デューラーの筆づかいや対象の見方に。必ずしも芸術であることと、一般的な美しさは合致しない。『一般人から見て』というのは理解不能です」

弁護人「今回のことは、芸術史に記録される価値はあるか」

教授「こうして裁判が起こっていること自体が記録されることになるでしょう。現代美術が法廷で争われた初の事例と思う。仮に有罪となれば日本の後進性が明らかになり、汚点として残る」

検察官は「素人なのでとんちんかんな質問をするかもしれない」と断って教授に質問を始め

た。

検察官「ポルノかどうかと芸術かどうかは別か」
教授「はい」
検察官「ポルノであり芸術である、ということもあり得る」
教授「考えられます」
検察官「性的な興味を抱く人物の興味をひくように作られ、宣伝され流通すればポルノということか」
教授「ポルノか芸術かを区別することはできないが、どういう文脈で提示されるかも重要。性的消費だけが中心的な目的で作られているものがポルノだ」
続いて裁判官。3人の裁判官の中で、最初に若手裁判官が口火を切った。
裁判官「ポルノでかつ芸術、というものは芸術史の中ではどんな例があるか」
教授は「ボーダーケース」として、大島渚《なぎさ》監督の映画「愛のコリーダ」を挙げた。

教授「私は芸術と思ったが、ポルノ的な消費もできる作品だ」「たとえば日活ロマンポルノ。あれを撮った人の中から、日本の映画史を支える人材が出た。振り返って見てみると、(ロマンポルノも) 非常に芸術性が高いものがある」

裁判官「先生の中で芸術とは何ですか」

教授「それは難しいですね。それが答えられれば1冊の本が書ける」

法廷から笑いが起きたが、教授は続けた。

教授「芸術と民主主義は深く関わっている。芸術は常に最前線にある。芸術にはルールがなく、新しい取り組みを続ける。芸術の進歩は民主主義の発展と似ているのです。その根本は自由であるということです」

ベテラン裁判官が後を引き取り、尋ねた。

裁判官「先生は芸術に一切の法規制は許されないと考えるか」

教授「そうではありません。表現によって傷つく人がいるか。それが重要です。ヘイトスピーチや児童ポルノは傷つく人がいる」「彼女は作品が誰に渡るかを非常に慎重に考えている。誰も傷つけていない。逮捕、起訴は全くナンセンスです」

4日後の被告人質問。

弁護人「女性器をかたどった石膏作品を作り始めたきっかけは」
被告「当時描いていた性的な漫画のためだった」
弁護人「検察官は『漫画のネタに窮したために始めた』と言っているが」
被告「ネタに窮していない漫画家はいない」
弁護人「(起訴された作品とは別に)ジオラマ風の作品も作っているがどんなものか」
被告「ミニチュアの人形や建物を(女性器をモチーフにした作品に)乗せたもの」
弁護人「どんな印象になった」
被告「人形を乗せると物語が生まれた」
被告は12年、これらの作品を展示する個展を都内で開催した。被告の狙い通り「楽しい」と言う客もいたが、「全然いやらしくない」と怒って帰る人もいた。客の一人はこう言ったという。「こんなのは女性器じゃない。（女性器は）暗闇の中で布団をめくって見るものだ」

客の言葉に反感を覚えた被告は、光り輝く女性器を作ろうと、女性器型の照明器具を制作する。美術評論家から「インパクトがない」と評されたこの作品は、被告自身も満足がいくものではなかった。素材に使ったアクリル樹脂の形を整えるのが難しく、時間も金もかかった割に小さなものしかできなかった。

そこで注目したのが3Dプリンターだった。スキャンしたデータを拡大できる特性を生かして「どうせなら大きいものを」と、実際に乗れるボートを作る計画がスタート。資金集めのために、インターネット上で出資を呼びかけるクラウドファンディングを利用し、出資すれば3Dデータや、ボートの進水式を見学できる権利などが得られる特典をつけた。

弁護人「なぜボートを」

被告「車も作りたかったが、エンジンが高価。それに生命が誕生した海に、女性器のボートでこぎ出すというのがアート的にすばらしい表現になると考えた」

弁護人「3Dデータを出資のお返しにしようとしたのはなぜか」

被告「私はボートを作ったけど、データを利用すれば新しい作品ができる。その可能性を込めて送った」

ボートは完成し、進水式には出資者や取材メディアなど約50人が集まった。「それまではいやらしいものを想像する人もいたけど、このときに初めて皆が明るく楽しい女性器だと喜んでくれた」と感じた。だが、結局このデータ配布が問題となり、逮捕された。

被告側は、資金集めから出資者を招いての進水式など、ボートの制作の過程を含めた活動の全体が「プロジェクト・アート」と言われる芸術活動だと主張。被告自身も「これまでの女性器のイメージを覆したいと楽しく明るい作品を作り、作品を見て笑顔になった方とともにプロジェクト・アートをしてきたつもりだった」と述べた。

16年2月1日。検察側は、石膏作品は「形状が明確にわかり、装飾などがかえって存在感を強調している」、3Dデータは「まさに女性器そのもの」と指摘。いずれも「わいせつ性を緩和するほど高い芸術性があるとは言えない」と述べ、罰金80万円を求刑した。裁判長は「少し時間を頂きたい」と言い、判決日を約3カ月後にした。

5月9日、裁判長は「石膏作品は無罪。3Dデータは有罪」として、罰金40万円を言い渡した。

石膏作品については、「装飾や着色によってポップアートととらえられる。見る者を楽しませ、否定的なイメージをちゃかす制作意図が読み取れ、一定の芸術性、思想性があって性的刺激が緩和される」と述べ、わいせつ物ではないとした。一方で3Dデータについては、「わいせつ性の判断は、データ自体のみでするべきだ」として、被告側の「プロジェクト・アート」の主張を退けた。「データの受領者が皮膚の色をつけてリアルな女性器を創作することも可能」とし、わいせつ物だと判断した。

被告は即日控訴した。

（千葉雄高）

＊追記　検察も控訴したが、二審・東京高裁はいずれも棄却。被告が上告し、最高裁で審理している。

孤独と不安で落ちた番長

2016.5.31

「球界の番長」と呼ばれたかつてのスター選手は、法廷で何度も涙をぬぐった。覚醒剤を使った理由として口にしたのは、野球を離れた後の孤独と不安。だが再生へ向け、彼はすべてを語ったのだろうか——。

朝から雨が降り続いた2016年5月17日。東京地裁近くの日比谷公園には、元プロ野球選手の被告（48）の初公判の傍聴券を求める人が列をなした。20席の一般傍聴席に対し、集まったのは3769人。抽選の倍率は188倍に達した。

午後1時半すぎ、被告は濃紺のスーツに身を包み、緊張した面持ちで425号法廷に現れた。

裁判官「職業は」

被告「無職です」

覚醒剤の所持、使用、譲り受け――。検察官が起訴状を読み上げると被告は「間違いありません」とすべてを認めた。

法廷では、被告が覚醒剤に手を染めていった背景が明らかになった。

検察官の冒頭陳述などによると、被告が覚醒剤に手を染めたのは「遅くとも」現役を引退した08年ごろ。引退後もコーチや監督などとして野球に関わることを希望していたが、どこの球団からも声がかからなかった。

弁護人「なぜ覚醒剤を」

被告「9歳から野球をしてきて、現役を引退するまではストレスや不安を野球で解決できた。ただ、引退すると社会の中でのストレスを解決する方法はなくなった。ひざの故障もあり、薬物に負けたと思います」

現役時代の使用は「ありません」と断言した被告。法廷で読み上げられた供述調書では、「引退後は、戦地に行って戦えなくなった兵士のような気持ちだった。心の隙間を埋めるために、覚醒剤を使った」と述べていた。

弁護人「覚醒剤を使うと、嫌なことを忘れられるのですか」
被告「心の問題ですが、いろんな不安やストレス、プレッシャーが忘れられます」
弁護人「やめようと思ったことは」
被告「あります。使うたびに後悔して、罪悪感でいっぱいになりました」
弁護人「それでもやめられなかったのは」
被告「自分の心の弱さです」

病院に通って薬物をやめるよう努めたが、やめられなかった。そんななか14年3月に「週刊文春」で薬物使用疑惑が報じられ、仕事は激減。同年、妻とも離婚した。「息子たちが出て行って独りになり、つらかった」。16年2月2日夜、自宅で覚醒剤を所持しているところを警視庁に逮捕された。

弁護人「このときは1月31日に覚醒剤を購入しましたね。なぜ使いたいと」
被告「その日は週末で、息子の少年野球を見に行くのを楽しみにしていたが、体調を崩して会えなかった。それに2月1日は野球選手がキャンプインに向けて万全の準備をする時期。そんなときに自分の置かれた状況を思い、心の弱さからクスリにいってしまいました」

それでも、「罪悪感があり、戦っていた」と被告は主張した。「独りになると衝動的に使ってしまった」「日頃から寂しさや社会に適合できない自分から逃げていた」。何度も薬物使用への後悔を語った。

ただ、そもそもなぜ薬物に手を染めたのか。

検察官が詰める。

検察官「最初に使用したとき、ストレスを紛らわすのになぜ覚醒剤を？」

被告「はっきり覚えていません。引退後はしばらく酒に溺れましたが、いつの間にかそういうものに頼っている自分がいました」

検察官「周りで使用している人がいたんですか」

被告「はい」

検察官「いたんですね」

被告「はい」

一連の事件では、被告に覚醒剤を譲り渡したとして、群馬県の無職の男（45）も起訴され、東京地裁で公判が続く。

検察官「この男からは14年から購入していると言いますが、それ以前は」
被告「……。男を紹介してくれた人間です」
検察官「暴力団関係者ですか」
被告「いいえ、違います」
検察官「（購入などは）どれくらいの頻度で」
被告「自分でもわかりません」
検察官「多いときには、月にいくらほど費やしていたのですか」
被告「言えないです」

結局、購入頻度や費やした金額などの詳細を語ることはなかった。
一方、被告が最も感情をあらわにしたのは、家族や友人について語るときだ。
法廷で弁護側は、被告の父親や親戚の手紙を読み上げた。両親は病気を患い、出廷できなかったという。

父親「（被告が）人の役に立つ人間に生まれ変わるよう、親としてできる限りの支援をしたい」

親戚「一度の過ちで見限ることはしない。君はまちの宝だ」

また、高校時代から親交のある元プロ野球選手の野球解説者（48）は、弁護側の情状証人として出廷。被告を「優しくて気が利く人間」と話し、番長という印象は「ないです」と語った。「最高のバッターだった。オフのときの体の作り方も、人一倍考えていた」

裁判官「週刊誌の報道後、覚醒剤の使用について問い詰めたことは」

野球解説者「聞いたことはあります。『やっていない』と言っていました」

裁判官「結果として裏切られたことになるが」

野球解説者「そのときは嘘をついていたが、今後はつかないと信じています」

野球解説者は「これからも彼と一緒にやっていきたい。2回目（再犯）はないと信じています」と断言した。

弁護人「(野球解説者の)証言をどう思いましたか」

被告「本当に申し訳ないという気持ちです。逮捕後、弁護士を通じてメッセージをくれていた。法廷に立ってくれたことを心から感謝します」

弁護人「親戚の方は、嘆願書を集めてくれた」

被告「本来であれば、地元の恥さらしと言われるかもしれないのに、応援してくれて感謝の気持ちでいっぱいです」

父親に対しても、「情けないですし、親不孝で申し訳ない」と述べ、離れて暮らす息子たちについては「そんなに簡単には会えないとは思いますが、その日が来るのを願っています」と涙ながらに語った。

弁護人「今後、覚醒剤をやめられますか」

被告「大変怖い薬物だとわかった。覚醒剤と向き合い、寿命が来るまで戦い続けたい」

検察官も追及する。

検察官「これまでもやめられていない。やめられるという自信はどこから」
被告「ここで証言している自分がいます。以前の自分とこれからの自分は、決定的に違います」
検察官「これからも寂しさやストレスはあると思うが」
被告「そのためにも、まず心と体を健康にし、今証言している自分を忘れずにいたい」

裁判官も問う。

裁判官「これからもしばらくは子どもに会えないと思うが、また覚醒剤に頼ろうと思わないか」
被告「自分の犯罪についての報道を息子たちに見せることはもう二度としたくないです」

野球という人生の目標を失い、薬物に逃げていたと述べた被告。更生のために野球に向き合うことは「野球に失礼だと思う」としばらくは野球と距離をとる意向を示したが、「心と体を健康にして、万全の態勢で野球に向き合いたい」とも述べた。

被告「自分は野球しかしてこなかった。そこまでたどり着くのは大変だと思いますが、自分は野球が好きです」

検察官は「覚醒剤の使用が生活の一部になっていた。再犯の可能性は高い」と懲役2年6カ月を求刑。弁護側は「今回、弱さを直視する機会を得て内省を深めている。再犯の恐れはない」と寛大な判決を求めた。

閉廷後、野球解説者が法廷を後にするとき、被告はすっと立ち上がった。そして二人は、固く握手をかわした。

東京地裁は5月31日、「覚醒剤への依存性は深刻だが、反省し、覚醒剤に二度と手を出さないと誓っている」として被告に懲役2年6カ月執行猶予4年の判決を言い渡した。判決を聞き終えた被告は傍聴席に向かって「このたびは申し訳ありませんでした」と頭を下げ、法廷を後にした。判決は確定した。

（塩入彩）

3人の命奪った秘密の中身

2016.6.1

「とにかくまじめ」と周囲に評された男が家族3人を絞殺し、自宅に火を放った。男を追い詰めたのは、ある「秘密」だった——。

名古屋地裁岡崎支部302号法廷。2016年3月14日、殺人と非現住建造物等放火などの罪に問われた男(66)の裁判員裁判が始まった。白髪が交ざった短い髪に、黒いジャージー姿で被告の男は法廷に立った。

「間違いありません」

被告の起訴内容は15年5月、妻(当時65)と長女(当時37)、義母(当時89)を首を絞めて殺し、自宅に放火したというもの。検察や弁護側の冒頭陳述などから事件をたどる。

被告は1974年、妻と結婚。婿養子として妻の家で暮らし始めた。やがて一男一女が生まれる。被告は自動車関連の会社で働いて家族を養い、14年11月に退職。その後も警備員のアルバイトをし、家族を養った。親戚や近所の人が感じた被告の印象は「堅実でとにかくまじめ」。だが、被告の日常は、ある日一変する。

15年3月13日。

被告が実母の葬儀に出す香典の準備を妻に頼むと、「お金がない」と告げられた。問いただすと、15年間にわたり、知人の女に8000万円以上の現金を支払い続けていたという。

被告人質問。

弁護人「お金のことを知ったきっかけは？」

被告「妻と娘から通帳を見せられ、知りました」

先祖が残した財産や自分の給与など、少なくとも5000万円は蓄えがあると思っていた。

弁護人「妻が知人の女に指示されてお金を送金していたと聞いたのですね」

被告「はい」

妻は、被告に大きな袋に入った茶封筒を見せた。中には、これまで知人の女に支払ってきた現金の振込用紙が入っていた。計算すると、約8200万円。

妻は、「長女に就職をあっせんすると言われ、女に金を支払い続けていた」と打ち明けた。

被告は、妻から「長女は金融機関で働いている」と聞いていた。だが実際は、一人暮らしをしていた豊田市内のマンションに引きこもる生活をしていたのだという。「多額の金を振り込んでも、女から就職先の紹介はなかった」と妻は話した。

この後、長女は異常な行動をとるようになる。風呂場で大声を出したり、突然過呼吸になったり。妻に対してヒステリーを起こすこともあったという。

被告は妻が金を支払っていた女に会い、返金するよう求めたが取り戻すことはできなかった。警察や親族にも相談。15年5月21日には妻と長女とともに弁護士事務所を訪れ、正式に依頼もした。一方で、無理心中を考え始め、包丁やガスボンベも購入した。

5月25日午前2時。

被告はまず、自宅2階で、自分の横に寝ている妻の首を両手やタオルで絞めた。妻は頭を左右に振るなどしたが、激しく抵抗することはなかったという。事切れた後、被告は胸に手を当て、鼓動が消えていることを確認した。次に、隣の長女の部屋へ向かうと、長女はまだ起きていた。

被告「長女は『何？』と言いました。もう妻を手にかけていたし、『お前もいってくれ』と言い、首を絞めました」

首を絞められながら、長女は「ごめんなさい」「働くから許して」と、息を吐くような声で命乞いをしたという。

弁護人「電気コードで首を絞めたのですね」
被告「手に力が入らなかったので、近くにあった電気コードを使いました」
弁護人「『自分もすぐいく』と言いましたか」
被告「言いました」

続いて1階に下り、義母の部屋へ行った。義母は寝ていた。そのまま殺害しては本人は納得いかないのではと、被告は考えた。

弁護人「義母とは話しましたか？」

被告「起こして状況を説明しました。『二人はいったから、一緒にいってやってくれ』と。『ほうか、ほうか』と言って聞いていましたが、最後に『わしはもうちょっと生きたかった』と言いました」

被告は、義母の首を電気コードで絞め、殺害した。

殺害後、被告は義母を仏間へ動かした。妻や長女も仏間に寝かせたかったが、力が足りず、動かせなかった。せめて親子は一緒にと思い、長女を引きずって妻の横に寝かせ、翌日、家に火を放った。

弁護人「どうして、一家で死のうと決意したのか」

被告「このままでは私たちの生活が成り立たない。夫婦二人で崖から落ちれば終わりだったけど、長女を置いていくわけにはいかんかったです」

被告は法廷で時折声を詰まらせ、泣きながら話し続けた。

被告「長女は、一人で生きていけるような育て方をしていない。この家に養子に入ったからには最後まで責任を取らなきゃと思い、義母も連れてくことにしました」

裁判官も被告に尋ねる。

裁判官「長女が（妻が金を払い込んでいた）15年間、どのような生活をしていたか聞いていることは」

被告「どこにも就職できず、一日中電気もつけずにマンションの自室に引きこもり、ろくに食事もとらずにいたと聞いた。何てことだと……。長女が15年間、振り回されたことが一番つらい」

裁判官「妻と長女を責める気持ちは」

被告「ありません」

3人を殺害し、自分も死ぬつもりだったが、その前に、本当のことを知人の女から聞きたかった。自殺用の包丁を背に隠し、女に突きつけるための出刃包丁を片手に女の家に向かった。女と対峙したとき、駆けつけた警察官に銃刀法違反容疑で現行犯逮捕された。

被告「逮捕まで早すぎて、何もできなかったです」

被告は取り調べの中で、自動車税や車検などでまとまった出費が予定され、生活費に不安を覚えたことが動機につながったとも述べた。だが、検察によると、事件の翌月には、義母の年金など一家には約30万円の収入が見込まれていた。

検察官「他に選択肢があったのではないかと今、考えることはあるか」
被告「性格上できなかった。自分で全部始末しようと思ってしまった」
弁護人「事件の反省や後悔の念は持っていますか？」
被告「勝手な意地を張ったばっかりに3人を殺してしまいました」
弁護人「意地は、他人に迷惑をかけたくないという思いからですか？」
被告「そういうことです」

被告は法廷で、「世間に一家が没落するのを見せられない」とも語った。

裁判長「なぜ、そんなに世間体を大事にするのですか？」

被告「田舎で生活するには、家の格を少しでも上げるのが目標です」
裁判長「一家の家計はあなたが支えていたが、現実にそれができないときは、家族で力を合わせて何とかするという発想にはならなかったのですか？」
被告「義母の年金をあてにすることなんてできないし、妻や長女は働けません」
裁判長「八方手を尽くさなければならないのでは？」
被告「家庭内のことは家庭内で片付けなければと思っていました」
裁判長「命を軽く考えていませんか？」
被告「申し訳ありません」
裁判長「その判断が今でも正しいと思いますか？」
被告「人の命を奪ったことは間違っていました。ただ、そのときはこれしかないと思い込んでしまいました」
裁判長「命を大切にしなければいけないということは、わかっていますか？」
被告「はい」
法廷には、事件当時、別居していた長男（40）も出廷し、証言台に立った。

検察官「今の気持ちは」
長男「父はお金が欲しかったわけではなく、3人が憎かったわけでもない。3人のことを考え、一人で思い悩みこれしかないと思い込んでしまった」
弁護人「お父さんへの思いは」
長男「私も父のことが必要。早く世の中に出てきてほしいです」

検察側は無期懲役を求刑。弁護側は、懲役18年の有期刑を求めた。

16年3月22日の判決で、被告は懲役27年を言い渡された。裁判長は「自分の命を大事にして、今後を生きてください」と語りかけた。被告は控訴せず、判決は確定した。
被告の妻が一家の財産を払い込んだとされる女は、詐欺容疑で愛知県警に逮捕されたが、裁判で「貸した金を返してもらっただけ」と無罪を主張。現在も公判が続いている。

（大野晴香）

＊追記　詐欺罪に問われた知人の女は名古屋地裁岡崎支部で懲役４年（求刑懲役６年）の判決を受け、確定した。

記者の目①

解決手段がわからないからこそ

こんな家族が本当にいるのだな――。裁判を傍聴しながら、率直にそう思った（「絶対君主が支配する虐待の家」）。逮捕された三女は警察に「しつけが厳しく、今の状況から逃れたかった」と話した。その後、近所の住人や警察、弁護士らに取材を続けると、少しずつ「虐待」が事件に影響していたことがわかってきた。それでも、自分を育ててきた母親や祖母に包丁を向け、殺害する必要が本当にあったのか。何が彼女をそうさせたのか。事件の背景がわからず、モヤモヤとした気持ちが残った。

裁判を傍聴していると、それまでの取材で見えなかったものが、見えてくることがある。被告や証人が法廷で口を開き、言葉を選ぶ姿やその表情は、事件への思いを感じさせる。三女は当時未成年で医療少年院送致となり、法廷で語ることはなかった。事件から約1年半後、三女を最も近くで見ていた長女の裁判が始まった。当時のことを思い出すように淡々としながらも、力強く証言を続ける長女の姿は、今も脳裏に焼きついている。信じがたい虐待の内容が、つぶさに語られていき、祖母や母への憎しみと三女への思いが明かされた。気がつけば、法廷の空気は張りつめていた。

逃げ場のない自宅で、唯一慕う長女に家を出たいと告げられ、「出て行ってほしくない」と思ったという三女。姉がいなくなり、独りになってしまうという焦りがあったのだろうか。想像を絶する孤独の感情が、事件の引き金になったのだと思った。

傍聴を終えて感じたのは、壮絶な虐待が背景にあったこの事件を、特異で非日常なものだ、というだけで終わらせてはいけないということだった。今もどこかに、声を上げられない子どもたちや虐待の経験が癒えずに苦しんでいる人がいるかもしれないし、子どもを愛せずに暴力を振るって苦しんでいる親たちがいるかもしれない。今回の事件は、祖母と母の主従関係や両親の離婚、姉妹関係などさまざまな要因が複雑に入り組み、ひずみが生まれた。虐待が起きる理由は一つではないし、家庭によってもそれは異なると思う。

では、どうすればよかったのだろう。こうなる前に、何ができたのか。児童相談所や警察、地域の人々が異変に気づき、未然に防ぐことはできたのか。いくら考えてもこの事件の解決手段が思いつかなかった。だからこそ、共有しなければいけないと思った。

「きょうも傍聴席にいます。」は、「あのとき何が起きたか」のディテールを描くことができる。その時間、法廷であったありのままを伝えようと思った。長女が話した「大人を頼ることはできないと思いました」という言葉は、同じ社会で生きる一人として、あまりに悲しく、深く心に刻まれた。長女と同じ気持ちを抱く人をこれ以上増やさないために、何ができるのか悩んだ。

解決につながるようなことは、この記事には書いていないし、書くことはできなかった。答えがあるのかも正直、わからない。それでも言葉でつなぐ事実に、想像力を働かせて、「どうして起きてしまったのか」に思いをめぐらすことが、答えを導くヒントになる。私はそう信じている。

（光墨祥吾）

記者の目②

自分の軸が定まった瞬間

裁判を取材していて感じるのは、法廷は社会の縮図のようだ、ということです。ときに、原告や被告、被害者などそれぞれの思惑が複雑に絡み合い、思わぬところで人間関係の力学が働き、思いもよらない行動を起こさせたことが明らかになります。

裁判を見ていると、だんだんと自分の中で、何が善で何が悪なのかわからなくなっていくのを感じます。法を犯したという結果が同じでも、誰かにとっての「悪事」が、別の人にとって必ずしも悪であるとは限りません。逆に、誰かにとっての「善い行動」が、別の誰かにとって善であるとも限らない。そんなことを考えていると、新聞記者として、何をどう伝えるべきなのかについて迷いが生じることもあります。

裁判所に出入りしていたある日のこと。高齢の実父に叱責されたことに腹を立てた息子が、刃物で父親を殺したという事件がありました。その裁判について検察幹部から聞いたことですが、若い公判担当検事が当初、「何の落ち度もない被害者に対し」というお決まりとも言える文言を論告の中に入れようとしたそうです。この検事に対し、その幹部は指摘しました。「被害者に『何の落ち度もなかった』と言えるのか。被害者の叱責は、被告を『父親を殺したい』と思わせるほど苦しめていたのではないのか。私たちがするべきことは、有罪を取り量刑を重くすることではない。ありのままを明らかにした上で、それでも、人を殺してはいけない、許されないことなのだと訴えることなんじゃないのか」と。

この言葉を聞いて、自分の中ではっきりと一つの軸が定まったのを感じました。それは、命を奪うという行為は「絶対悪」だ、ということです。

「命は大切に」。よく言われていることですが、そのことを実感する機会は、普段の生活の中ではほとんどありませんでした。けれど、ある裁判では、無謀な運転による交通事故に巻き込まれて命を落とした被害者の遺族が、涙ながらに事故のことを語ります。事件から何年か経てからの裁判でも、もう戻ってこない人のことを思い、皆が涙します。命は一つしかないのです。どんな理由があっても、奪われていいはずはないのです。

今回のケースは、「知人の女」に家の蓄えをだまし取られた被害者である被告が、3人の家族を手にかけた殺人事件です（「3人の命奪った秘密の中身」）。被告は法廷で、将来を悲観するあまり、家族を殺すしかないと思ったと語りました。被告人質問では、その一言一言に、傍聴席からもすすり泣きが聞こえ、私自身、そのときは涙でメモがにじみました。

しかし、たとえ家族を思ってのことだったとしても、決して殺人を許してはいけません。はたしてこの被告は、裁判を通してこのことに気づくことができたのでしょうか。そして私は、いかなる理由があっても、人の命を奪うことは許されないのだということを、記事を通して読者に伝えることはできたのでしょうか。不安に思いながらも、ペンを走らせる毎日です。

（大野晴香）

第二部

親子3人が入水した絶望の川

罪と罰、三姉妹の分かれ道

2016.6.23

育児ノイローゼからうつ病になった長女。その世話を続け、離婚した次女。ただ一人幸せに暮らしていた三女は、後ろめたい思いを抱えていた。三姉妹が被害者と加害者に分かれた殺人事件を、三女の視点から振り返る――。

2016年2月15日、東京地裁で開かれた裁判員裁判の初公判。次女（44）はフリースのジャケットを羽織り、三女（38）は黒いスーツ姿で法廷に現れた。

裁判長「起訴内容に間違いはありませんか」
次女「ありません」
三女「間違いありません」

15年7月の逮捕直後は殺人を認めなかった二人が、法廷でそろって罪を認めた。

起訴内容は、15年5月3日、東京都内の実家で長女（当時45）の首を二人で布製のベルトで絞めて殺した、というもの。

判決などから事件をたどる。


三姉妹が両親に育てられた実家は荒川からほど近い住宅街にある。1995年、まず長女が結婚。2003年に次女が嫁ぎ、同じ年、長女が出産した。だが、まもなく長女は育児ノイローゼになり、乳児の娘を連れて実家に戻ってくる。一方、翌年に三女は結婚し家を出た。

長女は05年、うつ病と診断され、次女が実家に戻って長女の娘を養育するようになる。08年にまず次女が離婚。翌年長女も離婚した。その後両親も亡くなり、事件の9カ月ほど前から実家は長女と娘、次女の3人の生活になった。

長女は次女に「死にたい」「子どもと一緒に心中する」などと話し、暴力を振るうこともあった。次女も長女の言動などがもとでうつ病との診断を受けた。

千葉県内に暮らす三女は次女の相談を受けていた。


三女の被告人質問。

三女「次女に対しては後ろめたい気持ちがありました。次女は離婚したくてしたわけじゃない。長女のことが原因で離婚を選ばざるを得なくなり、つらい思いをさせました」

次第に次女と三女の間で、「k」という隠語が使われるようになる。その意味は「長女を殺す」。LINEなどで送られてくる「ずっとkのこと考えてる」などの次女のメッセージに、三女は同調する返信をしていた。

そして、15年5月3日。三女が家族で買い物に出かけた際、次女から電話がかかってきた。前日、長女が次女にハサミを投げつけるなどして暴れ、三女の夫が駆けつける事態になっていた。次女はこの日も実家に来てほしい様子だったが、三女の夫は止めた。

三女「主人は『また（長女が）暴れたら俺が行くから、せっかくの連休、家族で過ごそう』と。私は『行かないと何をするかわからない』と言い返しました」

三女は夫とケンカしながらも家族と別れ、一人千葉県から高速バスで都内の実家へ向かう。ついイライラした気持ちで、次女に「きょうkしよ」とLINEを送った。一方で、夫へは

「ホントは行きたくないよ」とメッセージを送った。夫は「帰っておいで」と、子どもの写真付きのメッセージをくれた。

三女「帰ってしまいたいと思ったが、そんな勇気はなく、実家に向かう電車に乗りました」

実家の近くには次女の交際相手も駆けつけており、二人は長女を刺激しないよう、家の外で待機した。しばらくして、次女が「長女が自分の頭を刃物でつついてくる。長女の子も恐怖でおびえている」と混乱した様子で家から出てきた。次女はいったん家に戻り、ホースと軍手を手にして現れた。

弁護人「なぜ次女はホースと軍手を」

三女「次女は『これで（長女の）首を絞められないか』と。ただ、次女の交際相手は『こんなんじゃだめだよ』と言いました」

すると、次女の表情はみるみる変わったという。

三女「次女は私の見たこともない形相で、『私や死んだ母の苦労は、お前たちにはわからないんだ』と言いました。次女は普段、怒ったり怒鳴ったりしない。私は怖くなって『ネクタイは』と言いました」

次女はすぐに家に戻った。今度は長女の娘が「お母さんがナイフを振り回している」と家から飛び出てきたために、次女の交際相手と三女が中へ入ると、玄関に長女が倒れ、その上に次女が馬乗りになっていた。

判決などによると、この間、果物ナイフを持って娘を追いかける長女を次女が制止。娘を外に出した。長女が自らの首にナイフを押し当て「死んでやる」などと言ったため、次女がその手をつかみ、長女の首にナイフが刺さった。

駆けつけた三女は倒れている長女の首から大量の血が出ているのを見た。長女はまだ息があった。

三女「頭の中で『救急車』って思いましたが、見ている光景が恐ろしすぎて声が出せませんでした」

次女は長女の首に布製のベルトを巻き付けた。三女もとっさにベルトに手をかけた。そして体に引き寄せるように、二人はベルトの両端を引っ張った。

三女「私は次女一人につらい思いはさせられないと思いました」

事件後、次女の交際相手が警察に通報したが、長女の死は自殺だと説明した。2カ月後、三女は次女とともに逮捕された。しばらくは否認を続け、秋ごろになってようやく三女は事件の経緯を話したという。

検察官「事件後、『長女は自殺』としたのはなぜですか」
三女「自分の身を守りたかったからです」

弁護人も問いただす。

弁護人「犯行前、次女への『kしよ』というメッセージと、ご主人に送った『帰りたい』というメッセージ。どちらが本心ですか」

三女「主人に送った方が本心です」
弁護人「殺害は具体的に考えていたのですか」
三女「いいえ」
弁護人「しかし、次女をたきつけたのではないのですか」
三女「私はずっと、次女までおかしくなるのが怖くて、同調してきました。それが結果的にあおったことになったと思います」

「ネクタイ」という発言が次女にベルトを持たせたのではないか、と弁護人は指摘した。

三女「ずっと私だけ幸せな暮らしをしていていいのかという気持ちはありました。結局自分の言ったことが原因で事件を起こしてしまい、本当に後悔しています」

三女の供述では、長女はうつ病で入院したこともあった。だが、長女は入院させられたことに激怒し、その後は家族も長女に入院や通院を勧められなくなった。次女は、長女の暴言は月2、3回だった、と述べた。一方、長女は体調が良ければ買い物や家事を分担することもあったという。

検察官「長女がつらく当たる原因はうつ病だと？」
三女「長女は私と次女が仲良くしていたのが寂しかったのだと思う。うらやましくて、嫉妬しているのがわかりました」
検察官「長女のことは好きでしたか、嫌いでしたか」
三女「どちらとは言えません」
検察官「そういう気持ちが軽率なメッセージにつながったのではないですか」
三女「それはあると思います」

法廷では、長女の娘から三女への手紙が読み上げられた。事件後も、三女への気持ちは変わらず、「一日も早く帰ってきてほしい」とつづり、母である長女については「外に行こうと誘ってあげるなど、みんなで積極的に話ができれば良かった」と述べていた。

手紙を受け、三女は言った。

三女「私は長女が怖くて逃げてばかりいて、向き合っていませんでした。そのことをすごく後悔しています」

一審判決は2月24日、言い渡された。裁判長は「被害者は長年うつ病を患っていたが、病状は比較的安定していた」と指摘し、「よりによって妹に人生を奪われ、あまりに悲惨で言うべき言葉もない」と述べた。次女には「経緯には同情できるが、終始犯行を主導した」として懲役4年、三女には「従属的とはいえ、次女に比べれば経緯や動機にそれほどくむべき事情はなく、直接の殺害行為を二人で分担した責任は重い」と懲役3年を言い渡した。

一審判決後、次女は控訴せず確定。三女は「動機や経緯にくむべき事情があり、執行猶予を付けるべきだ」として控訴した。

6月16日、東京高裁720号法廷。裁判長は、長女の娘が三女の早期の社会復帰を望んでいることなどから、一審を破棄。懲役2年6カ月に減刑したが、執行猶予は付けなかった。判決後、裁判長は三女に語りかけた。

裁判長「他にも解決方法があったと言わざるを得ず、犯行は強い非難に値します。ただ、社会復帰した後に待っている人たちがいます。今後は一体何が正しいかを考え、過ごしてほしいと思います」

判決は確定した。

（塩入彩）

「愛の家」の住人の抑えきれない衝動

2016.6.11

長崎市の爆心地近くの集合住宅で、住人同士の殺人事件が起きた。起訴されたのは85歳の男。現場は半世紀近く前、キリスト教信者らの募金活動をもとに建てられ、「愛の家」と呼ばれたこともあった――。

2016年5月25日。長崎地裁401号法廷に、被告の男が入廷した。白髪交じりの短髪に、ぎょろっとした目、いくつも刻まれたしわ。口はへの字に結んでいた。裁判長に促され、証言台に進む。殺人罪などの認否を問われると「殺意はありませんでした」と答えた。

起訴状や冒頭陳述によると、15年7月29日午後4時半ごろ、同じ集合住宅の女性（当時52）の部屋に侵入し、刈り込みバサミを分解した刃物（刃渡り約24センチ）で右胸を刺して殺害したとされる。女性に「1万円を盗まれた」と思い込んだ被告が刃物を持って女性宅を訪問。返済を求めたが断られたことなどに立腹し、女性を刺したという。

現場の集合住宅は爆心地から約1・6キロ。戦後、バラックが立ち並ぶ様子を見たキリスト教修道士が住宅建設を願い、その思いを受けて、神父らが募金活動をしたのが発端だ。生活が厳しい人たち向けの住宅としてキリスト教系の社会福祉法人が建設し、最初の1棟ができたのは1967年。3年間で計3棟が建ち、「愛の家」とも呼ばれた。現在は1棟を残すのみとなったが、高齢者を中心に10人前後が暮らしている。

公判が始まる前、被告に数回接見した。被告の話では、長崎市出身で、原爆投下の日は14歳。草むしりをしていて被爆した。戦後、関東地方などで溶接工として働いた後に帰郷。「愛の家」に住み、事件当時は一人暮らしだったという。

キリスト教徒だという被告は「一番必要なものは愛」「愛とは隣人を自分のごとく愛することだ」と語った。実践したのか、と問いかけると「愛とは反対になっている。人間とはこういうもの。これを旨としていても忘れる」と答えた。

公判では、被告の精神状態が争点の一つになった。

検察側は、被告が約30年前からこの集合住宅で暮らし、住民との間で頻繁にトラブルになっていた、と指摘した。「毎日のように昼間から酒を飲んで、大声で歌を歌っていた」「『尋常小しか出ていない、と言いふらしたやろ』と怒鳴りつけられた」「住民の足を蹴って転倒させた」などとする住民らの供述調書を提出した。

鑑定をした精神科医も証人として出廷。医師は「他人の行動を敵意のあるものと思い込む傾向が見られ、怒りや暴力が突発しやすく制御できない人格的特徴が認められる」とし、「特定不能のパーソナリティー障害」と診断。一方で「病的な妄想」とまでは言えず「妄想性障害」などに罹患《りかん》していたとは言えない、と述べた。

弁護側はこれに対し、女性を刺したのは精神疾患の影響によるものだ、と主張。「死んでしまう」とわかって刺したわけではない、と訴えた。

5月26日の被告人質問。

弁護人「被害者の家に行って、被害者が出てきて（あなたは）何と言った？」
被告「とった金を返せって。返さないと突くって」
弁護人「本当に突くつもりだった？」
被告「突くつもりはない。（刃物を見せれば）返すと思った。突いたら人殺しですよね」
弁護人「返さなかったらどうしようと？」

被告「返さなかったら突くつもりだった」
弁護人「突いたらどうなると？」
被告「そこまでは考えていなかった」
弁護人「突くとき、何を思っていた？」
被告「真っ白になっていました」
弁護人「刺したことについて今はどう思う？」
被告「馬鹿なことをしたな、と」
弁護人「裁判でどういう刑を受けると思う？」
被告「死刑を望む」

謝罪の言葉はなかった。
27日には検察官も尋ねた。
検察官「2回目に突いたとき、片手から両手に変えた理由は？」
被告「片手だと砂袋を突いたような感じだった」
検察官「両手だと力が入ると思ったから？」

被告「そうです」
検察官「事件後に110番通報したのは、自首しようと思ったから？」
被告「はい」
検察官「どうしてですか？」
被告「捕まるのは時間の問題と思った。警察にも手数をかける。終わった後、『しまった』『間違った』と思った。『最低の人間だ』と」

被告が法廷で初めて謝罪を口にしたのは公判3日目の27日。「被害者参加人」として参加した被害者の長女の質問を、代理人の弁護士が読み上げたときだった。

代理人弁護士「被害者は二度と戻ってきません。もしここにいたらどんな言葉をかけますか？」
被告「大変ひどいことをした。許してください。ひざをついて謝りたいです」
代理人弁護士「娘さんにはどういう言葉を？」
被告「申し訳ないことをした。お母さんを殺してしまって。償いのしようがない」

淡々と話していた被告は、代理人弁護士の方を向いて、語気を強めた。

公判4日目。長女本人が証言台に立ち、母親への思いを述べた。

「私のお母さんはただ一人の大切な大切な家族でした。とにかく優しい人でした」

母と子の二人暮らし。3、4歳のころに、一緒に旅行したことがあったが、それ以降は行けなかった。20代となった長女は、近いうちに、温泉旅行に連れて行く計画を立てていたという。

長女「その矢先に……その矢先に、お母さんを奪われてしまったのです」

長女「結婚して子どもを産んで、幸せな姿を見てほしかった」「被告のことは絶対に、絶対に許せません」

被告はうつむき加減でじっと聞いていた。被告には、情状酌量を求める「情状証人」を務める親族や友人はいなかった。

4日間の審理を終え、裁判は5月30日に結審した。検察側は「被害者に落ち度はなく、ただ一人の肉親を目の前で刺された長女の悲しみは癒えていない」と主張し、懲役13年を求刑。弁護側は、殺意がなく、事件当時は心神耗弱だったとして、傷害致死罪に当てはまり、懲役3年一部執行猶予の判決が妥当だと訴えた。

6月8日に迎えた判決。長崎地裁は、弁護側の主張を退け、責任能力があったと認定。検察側の求刑通り懲役13年を言い渡した。

裁判長は判決で責任や非難を軽減する事情として、「被告がパーソナリティー障害により、怒りや暴力が突発しやすかったことが、犯行に影響を与えた」と述べた。だが、「遺族の処罰感情は強く、被告は公判で殺意を否認するなど、反省の深まりが見られない」とした。

裁判長は「人生を奪い取られた被害者の苦しみを考え、刑務所で反省を深めてほしい」と裁判官、裁判員からのメッセージを読み上げた。

証言台で判決を聞いた被告の表情に大きな変化はなかった。閉廷後、被告は控訴をしないことを告げて弁護人に深々と一礼し、法廷を後にした。


（岡田将平）

＊追記　被告は控訴せず、判決は確定した。

田畑守るために越えた一線

2016.7.4

千葉県館山市で起きた殺人事件で、被告として法廷に立ったのは地区の区長を務めていた農業の男（76）だった。先祖伝来の田畑を堅実に守る人生を送ってきた被告が、一線を越えた理由とは——。

2016年5月23日、千葉地裁802号法廷で開かれた裁判員裁判の初公判。ジャージー姿で入廷した被告は裁判長に認否を問われた。

裁判長「今読み上げられた内容に間違いありませんか」

被告「間違いありません」

起訴内容は、15年11月6日、近くに住む男性（当時73）の頭などを数回蹴って首などに傷害を負わせた後、池に落とし殺害したというもの。

冒頭陳述などから事件をたどる。


被告は、館山市内の先祖代々の農家の6人きょうだいの末っ子に生まれた。親の後をついで農業を営む傍ら、地区の防犯委員や農業組合員、水利組合員なども務めた。

被害者の男性が近くに引っ越してきたのは、約40年前。男性は土地を借り、建設会社を始めた。二人の間にトラブルが起き始めたのは約20年前のことだ。男性は被告に対し、「生活排水が敷地内に流れてくる」とたびたび苦情を言うようになった。

被告の家と男性宅は休耕地を挟んで接しており、被告の家の敷地から男性宅の敷地へと生活排水は流れていた。男性が排水路を埋めたため、一部が池になった。

検察側が提出した被害者の弟の供述調書によると、このころ「バブルがはじけて兄の仕事がなくなり、それに離婚が重なって性格が変わった」。その後、建設会社は倒産したという。

弁護人がトラブルについて被告に尋ねた。

弁護人「近所への嫌がらせは」
被告「ありました。男性の隣に住む人の家では、車をぶつけられた。他の家のガラスを割ったこともあった」
弁護人「2軒とも今も住んでいる？」
被告「今は住んでいない。この件がきっかけで引っ越した」
弁護人「男性と会うとどんな話を」
被告「生活排水がうちまで流れてきているという話をくどく何度も」
弁護人「そのときはどう対応した？」
被告「ナイフなどでいつ刺されるかわからないので、怖くて反論できなかった」

情状証人として出廷した妻もトラブルについて証言した。

弁護人「男性からの苦情は1日どれくらい」
妻「4、5回」
弁護人「男性の口調は」
妻「暴言でした。近所に聞こえるように。棒を振り回しながら」
弁護人「男性からの苦情の生活への影響は」
妻「日中でも鍵を閉めて、カーテンを閉めました。（男性からは電話も多かったので）音が聞こえないように、電話の上にも座布団を置いて、音が聞こえない部屋で生活しました」

事件があった15年11月6日も男性が被告宅に来て、被告の妻に「旦那を呼べ」などと大声を張り上げた。

近所の寺の草刈りから帰ってきた被告は、男性と一緒に、男性の家に向かった。男性から生活排水について苦情を聞かされ、被告は「いい加減にしろ」と応じた。すると、男性は「俺の言うことが聞けないのか」と被告の両襟をつかみ、「２００万〜３００万円を用意しろ」と言ったという。

次の瞬間、被告は右足で男性の左足を払い、二人は転倒した。

検察官が当時の状況を尋ねた。

検察官「被害者から何を言われたのか」

被告「俺の言うことが聞けないのかと」

検察官「金の要求は」

被告「２００万〜３００万円持ってこいと。金の話になってカッとなった」

転倒後、被告は男性が両足にしがみつくのを振り払い、顔面を2度蹴った。男性が動かなくなったのを確認し、池まで引きずった。

弁護人はその後の状況を聞いた。

弁護人「蹴った後、なぜその場を離れなかった」
被告「仕返しされるのが怖かった」
弁護人「なぜ池まで引きずった」
被告「これ以上、みんなに迷惑をかけないことが大事と思って」

被告は傷ついた男性を池に沈め、頭を押さえつけて殺害した。

弁護人「それから」
被告「立ち去ろうとしたら、通路に血のかたまりがあったので、砂をまいて竹ぼうきではいた」

殺害後、被告は自殺しようと、海や線路などに向かったという。

弁護人「なぜ自殺しようと」
被告「男性をあやめてしまい、これ以上生きていられないなと」
弁護人「どこに行った」
被告「まずは海岸に。桟橋から入水しようとしたが、諦めた。次に山の上にある公園に行き、車で下りようとしたが、車止めがあり、諦めた」
弁護人「その次は」
被告「鉄道自殺をしようと線路に。車から降りてレールの間に立った。そしたら、孫4人の顔がちらつき自殺できませんでした……」

2日後、被告は千葉県警に自首した。

弁護人「なぜすぐに自首しなかった」
被告「自首したら家に帰れないと思い、身辺整理をしたかった」
弁護人「自首までの間にどういうことを」
被告「区長、寺の役員などを辞めさせてもらうためのあいさつをしました。その後、お世話になった人に手紙を書いたり、身内の墓参りに行って、お線香を上げたりしました」

弁護人「妻に30万円渡したのはどういう趣旨」

被告「銀行口座から30万円を引き出し、妻に渡した。手錠をかけられて家を出るのを見られたくなかったので、家にいないよう、東京の実家に帰ってもらうための資金として渡した」

検察官は、どうすれば事件を避けることができたかを尋ねた。

検察官「どう対応すればよかった」

被告「ケンカ腰でお互いが話をしなかった。それがよくなかった」

検察官「殺す以外の方法は」

被告「時間をかけて話をすればよかった……」

裁判長も尋ねる。

裁判長「嫌がらせを受けるなら、引っ越してしまえばよかったのでは」

被告「先祖代々の敷地、田んぼ、畑を守りたかった。だから離れるつもりはなかった」

弁護側は近隣住民ら約1000人から集めた減刑嘆願書を証拠として提出した。

一方、被害者の弟は供述調書で次のように述べた。「被告には兄に付き合わせてしまい、かわいそうだと思う。しかし、人を殺してよい理由はどこにもない。犯した罪に見合った償いを求める」

5月25日にあった公判で、検察側は「再三苦情を言われ、煩わしく感じていたことは理解できる。きっかけは男性にあり、落ち度も否定できないが、殺人は正当化できない」として懲役14年を求刑した。

弁護側は「20～30年前から男性からの嫌がらせを受けていた」「男性は日常的に鎌を持ち歩いていた人物で、地域住民も迷惑をしていた。今回の犯行には男性の悪行が影響している」などとして情状酌量を求めた。

5月30日、千葉地裁802号法廷で言い渡された判決。

裁判長「被告を懲役9年に処する」

主文が読み上げられた瞬間、被告は下を向いた。

裁判長は「被告は自ら動けなくなった被害者を池まで引きずって移動させた上、水中に沈めて殺害したもので危険な犯行」と指摘した。一方で、「背景には被害者による長年の迷惑行為があり、それに苦しめられ続けた上、当日も多額の現金を要求されたことを踏まえると同情できる面もあった」と述べた。

判決を読み終えた後、裁判長は裁判員のメッセージを代読した。

「殺してよい人間はいない。服役中は冥福を祈り続けてほしい」。社会復帰した後のことにも言及した。「地域の対応は必ずしも温かいものだけではないと思う。そういう厳しいものもしっかりと受け入れて生活してほしい」

被告は判決を不服として東京高裁に控訴した。


（滝口信之）

＊追記　被告は7月6日に控訴を取り下げ、一審判決が確定した。

水に流せぬ恨みと愛

2016.7.16

司法試験の合格を目指していた男が、妻と不倫関係にあった男性弁護士の局部を切断しトイレに流したとして、傷害罪などに問われた事件。衝撃的な結末に至るまでに、3人の男女に何があったのか——。

2015年10月28日に東京地裁で開かれた初公判。被告の元法科大学院生の男(25)は、認否を問われると、「間違いありません」と答えた。ボクサーのプロライセンスを持つ被告だが、法廷に現れた姿はそんな気配を感じさせず、どこか不安そうな様子だった。

起訴内容は、40代の男性弁護士の顔を数回殴り、局部を枝切りバサミで切断したというもの。被告の妻は法律事務所でこの男性弁護士の下で働いていたという。

裁判は波乱の幕開けだった。初公判で検察側が冒頭陳述を読み上げようとすると、弁護人が「(被害者の)詳細なメールの内容が引用されていて不当だ」と異議を挟んだ。結果、検察官は詳細なメールの引用は控えた上で、翌11月の第2回公判でようやく冒頭陳述を読み上げた。

その冒頭陳述などをもとに経緯をたどる。

事件の舞台は東京地裁からほど近い東京・虎ノ門の法律事務所。被告の妻は14年5月、専属事務員として働き始めた。その年の12月末、弁護士として勤務していた被害者と男女の関係になった。二人は、コスプレをしてのカラオケや高尾山観光などのデートを繰り返し、たびたびホテルへ。妻が働き始めて1周年の記念に、4万円のネックレスが贈られた。

ところが、15年夏には妻の感情が冷め、被告に「勤め先の弁護士からセクハラを受けている」と相談するようになったという。

16年3月の公判で、読み上げられた妻の調書では、被害者について「好意を持っていた」と語る一方、「被害者が自分に酔ったようなメールを送ってきて、だんだんと気持ち悪くなった」と述べられていた。

4月の被告人質問。弁護人は一番に被告と妻のなれそめを問うた。

弁護人「奥さんと知り合ったのは」

被告「11年3月、東日本大震災のボランティアをしていたときです」

同年8月に交際がスタート。被告は大学2年、妻は大学4年だったという。被告が病気のときも妻が支え、二人は翌年6月に結婚。被告は大学卒業後に法科大学院に通い、司法試験合格を目指して勉強した。

被告「今後も一生一緒に生きていきたいと思い、結婚しました」

一方、妻の気持ちは少し違っていたようだ。法廷で読み上げられた妻の調書には、こう書かれていた。「結婚すれば会社の福利厚生を受けられるし、紙っペラ1枚のことだと思って結婚した。家族に幻想を抱いていなかったし、実家への反発もあった。生活してみて甘かったと思ったが、猫と同じように被告もペットと思えば腹も立たなくなった」

事件の少し前になると、被害者との関係が冷えた妻は被告に、「被害者から気持ち悪いメールが来た」「呼ばれたくないニックネームで呼ばれる」などと相談するようになる。

被告「妻の母親は、『環境型セクハラだから、そんな職場辞めなさい』と言っていた。僕はニックネームがセクハラになるかわからなかったが、専門書を読むとセクハラになるという本もありました」

それでも、被告はそれだけでセクハラと訴えることにはためらいがあった。

15年8月8日、被告が「何か他にため込んでいるなら話して」と声をかけると、妻は被害者と肉体関係を持ったことを告げた。

被告「妻は『やめてくださいと言っても被害者はやめてくれなかった。怖くて頭が真っ白になってされるがままにされた』と。さらに別のときも、ワインを飲み過ぎてフラフラしていたらホテルに連れて行かれた、と」

被告は話を聞きながら、胃が痛くなり、トイレで吐いたという。

被告「妻は性欲のはけ口に使われ、妻はそのことをずっと一人で耐えていた。僕に話す妻の姿がつらそうで、悲しみや絶望という感情が出て、被害者への怒りに変わりました」

妻本人は「強姦《ごうかん》とは思っていない」と説明したが、被告はそんな妻の態度を「ロースクールで学んだセクハラ被害者の心理と同じだ」と思った。被告はその日のうちに妻と警察署に行き刑事告訴を相談。しかし、妻は被告のいないところで警察官に「無理やり犯されたのではない」と伝えており、警察は告訴を受理しなかった。

被告は自身の父親などにも相談し、民事訴訟や弁護士懲戒請求を検討する。一方でこのころ、枝切りバサミと包丁を購入した。

被告「殺してやりたいと思う一方、そんなことはできないという思いもありました。とりあえず包丁を買えば落ち着くと思いました」

被告はセクハラの相談センターに行くため、被害者からセクハラ行為についての言質を取ろうと決意。「台本」と題した想定問答集を作った。そして8月13日朝、被害者に会うために法律事務所に向かおうと準備していたときに、「ハプニング」が起こる。

被告「妻が『間違って台本を被害者のパソコンに送ってしまった』と言いました。それを聞いて、すぐに被害者に会わなければと思いました」

こちらの手の内が被害者にばれてしまう――。焦った被告は妻とともに法律事務所に向かう。リュックサックにボイスレコーダーと包丁、そしてハサミを入れた。途中のコンビニで「台本」のデータもプリントアウト。虎ノ門駅で思い直して包丁はゴミ箱に捨てたが、ハサミはそのまま持っていった。

午前7時半過ぎ。事務所にはすでに被害者が出勤していた。被害者は「申し訳なかった」と謝ったが、無理やり関係を持ったという認識はなかった、と言った。

被告「被害者は謝ってごまかそうという感じで、妻の苦痛とか、僕の絶望とか感じていないと思いました」

さらに、被害者の机にあった被害者の子どもの写真が被告の怒りの火に油を注ぐ。

被告「被害者が自身の子どもや奥さんも裏切っていると思うと嫌悪感を感じた。こちらの痛みが全然伝わっていないと思い、せめて物理的な痛みは感じてもらおうと殴りました」

プロボクサーのライセンスを持っていた被告の拳は被害者の顔に的中し、被害者が仰向きに倒れる。被告は倒れた被害者のズボンを下ろし、局部を枝切りバサミで切断。妻に救急車を呼ぶよう告げた後、トイレに持っていき、水で流した。

被告「妻にしたひどいことをもう二度とできないように、と思いました」

事件の一部始終は、被告が持参したボイスレコーダーに録音されていた。冒頭陳述によると、「ここどこ」と錯乱する被害者を前に、被告は「切ったんです」などと告げて、笑い声を上げたという。

法廷で読み上げられた調書によると、一緒にいた妻は「さすがにまずいと思ったが、シャキンと音がした。やっぱり切っちゃった、と思った」という。

検察官はハサミについて問いただす。

検察官「ハサミを買う際、店員に『枝を切るハサミがほしい』と聞いたのはなぜですか」
被告「特に理由は」
検察官「(局部を)切断するためですか」

被告「はい」

検察官「なぜトイレに流したのか。切断するだけでよかったのではないですか」

被告「再生手術とかできないようにしようと思ったんだと思います」

一方で、現在の被害者への思いを問われると、被告は「今では妻の話も正確ではなかったとわかっています」と述べ、「本当に申し訳ないことをしてしまった。被害者の家族にも本来受けるべきではない精神的打撃を負わせてしまった」と謝罪した。検察側の冒頭陳述によると、男性はその後も激痛を座薬を使ってやわらげているという。

弁護人はその後の被告と妻の関係について尋ねた。

弁護人「現在、奥さんとの関係は」

被告「毎週2回以上、面会に来てくれますし、100通を超える手紙も送ってくれた。罪を償い終わったら一緒に生きていきたいと思います」

弁護人「奥さんはどんな存在ですか」

被告「僕の家は幼いころから両親が別居して寂しい思いをしてきた。しかし、妻と生活して、妻が家庭の温かさを教えてくれた。妻の優しい性格が大好きでした」

弁護人「それは今も変わらない？」
被告「はい」
一方、事前に法廷で読み上げられた妻の調書には「せめて名字だけは変え、人生をリセットしたい。かつて諦めた海外の美術系の専門学校に行く夢をかなえたい」とあった。
裁判官が被告に尋ねる。
裁判官「あなたは奥さんの調書は読んでますか」
被告「はい」
裁判官「奥さんの調書は『将来、海外留学したい』という内容で終わっていますが、今はどういう話になっているのですか」
被告「『僕が罪を償ったら、一緒に暮らそう』と事件直後から言ってくれています」
裁判官「婚姻関係を解消しようとは」
被告「一切なっていないです」
法廷で被告は涙ながらに妻への思いをこう語った。

被告「僕は妻のことを自分の命より大切に思っていましたし、現在でも心から愛していま
す」

妻は法廷に立つことはなかった。

16年6月。検察官は「極めて残忍かつ冷酷な犯行だ」と懲役6年を求刑。法科大学院生だった被告に対し、「復讐《ふくしゅう》行為は法治国家の根底を否定する行為とわかっていたはずだ」と非難した。一方の弁護側は「被害者との示談が成立している」として執行猶予付きの判決を求めた。

東京地裁は7月5日、被告に4年6カ月の実刑判決を言い渡した。判決は「妻が被害者から性的関係を強要されたとは認められず、被害者に刑を左右するような落ち度は認められない」と指摘。「被害者に回復不能の傷害を負わせた結果は重大。経緯に一定のくむべき事情はあるが、刑事責任は相当重い」とした。

（塩入彩）

＊追記　被告側は判決を不服として控訴したが、二審・東京高裁は控訴を棄却。判決は確定した。

親子3人が入水した絶望の川

2016.8.5

認知症の母を長い間二人で介護していた父と娘。病気で自分も体が不自由になった父は、娘に言った。「一緒に死のう」。娘は両親を車に乗せ、川へと向かった——。

2016年6月20日、さいたま地裁の201号法廷。母に対する殺人罪と父の自殺を幇助した罪に問われた女(47)が被告として証言台に立った。髪を後ろで一つに束ね、白いシャツに黒のズボン姿。

裁判長「起訴状の内容に間違いはありますか」

被告「ないです」

起訴状などによると、被告は15年11月21日午後6時ごろ、埼玉県深谷市の利根川に親子3人で軽乗用車ごと入水。母（当時81）を溺れさせて殺害し、父（当時74）の自殺を手助けしたとされる。

冒頭陳述や被告人質問から事件をたどる。

被告は三姉妹の末娘として生まれた。父は被告が幼いころに家出。母が身一つで3人を育てるのは厳しく、次女は養子に出された。被告は高校を中退した後、すしチェーン店などいくつかの職を転々とした。20年ほど前、父が家に戻り、被告と両親の3人で暮らすようになった。03年ごろ、60代後半になっていた母は認知症とパーキンソン病だと診断される。父と被告による介護生活が始まった。当時被告は菓子製造会社で働いていたが、仕事と介護の両立は厳しく、精神的に不安定になって無断欠勤をし、事件の約3年前には退職。以後、一家は月給18万円ほどで新聞配達をしていた父の収入に頼るようになった。

被告人質問で弁護人は当時の母の様子を尋ねた。

弁護人「どんな会話を？」

被告「会話にはなりません。何年も前から私が娘とわかっていません。『どちら様？』とか『こんちくしょう』とか暴言を言われたこともありました」

弁護人「介護をやめたいと思ったことは？」
被告「認知症だから仕方ないと思いました。認知症になる前は明るい母で大好きでした。認知症になってからも大好きでした」

被告の二人の姉が、情状証人として出廷し、母と三女の関係について語った。

長女「母との絆は深く、献身的な姿勢はまねできなかった。私は父を『お父さん』と呼べなかった。妹をうらやましく感じました」
次女「三姉妹で妹は一番母に似ていました。いつも二人は一緒。密度の濃い関係に映りました」

被告は真っ赤になった鼻にハンカチをあてた。涙が落ちるのを防ぐかのように天井を見上げた。

二人の姉は「介護に対する不満、愚痴は一切聞かなかった」と口をそろえた。

14年9月ごろ、母は寝たきりの状態に。父も仕事の傍ら、入浴や排泄の介助をかいがいしくしていたという。被告は法廷で父について「一家の大黒柱。大きな存在でした」と語った。

だが、15年9月ごろ、父が頸椎《けいつい》圧迫により体調を崩した。徐々に症状は悪化し、11月に入ると新聞配達で使うバイクの運転が難しくなった。食事やトイレも、一人ではできなくなり、11月12日、退職。一家の収入が途絶えた。

5日後、被告は市に生活保護を申請した。検察側によると、受給が認められれば月20万円弱が支払われ、母の介護支援や父の医療扶助なども受けることができたはずだ、という。

だが、翌日、父は言った。「死にたいんだけど、一緒に死んでくれるか。お母ちゃんだけ残してもかわいそうだから3人で一緒に死のう」


検察側は被告人質問で当時のやりとりについて尋ねた。

被告「すぐに『いいよ』と答えました」
検察官「止めようとは思わなかったんですか」
被告「あまり自分自身、死への恐怖心がなかったんです。当時は死にたがっていたんだと思います」
検察官「説得しようとは思わなかったのですか」

被告「全然考えませんでした。お金の関係は何とかなるという認識でした」
検察官「父も手術すればよくなるはずだし、心中しなくても大丈夫と思うのが普通だが？」
被告「よくなるとは思えないくらい症状が悪かったんです。父も手術しても寝たきりになるかもしれないと言っていました」
検察官「なぜ心中しようと思ったのか？」
被告「父は、すべてがなくなって解放される。楽になる。体調悪化の苦しみ、生活保護の調査を受けたこと、母の介護。すべて込みで楽になる。私については……わかりません。今は、父に（心中を）言われなければ死ぬつもりはなかった、と思います」
検察官「母を死なせたことについては？」
被告「私と父が（死んで）楽になり、残された母が施設に入っていじめられたらかわいそう。家族だから一緒じゃないと意味がない、と父に言われました」

「懇願」の翌19日、市役所の職員が自宅を訪れた。生活保護に関する面接だった。生い立ちや家族の状況について聞かれた、と被告は説明した。

被告「今までの人生、高校を中退し、仕事を転々としました。親子で同じような人生を歩んでいるなあと思った。惨めで、死にたい気持ちが高まりました」

心中を言い出した父は「(手術を受ける予定の)30日までに心中できれば」と言っていた、という。しかし被告は「行くのを早めるよ」と言った。

被告「死ぬのを早めたのは私です」

事件当日の21日。なお「明日にしよう」とためらう父に被告は往生際が悪いと腹を立て、「そんなんじゃ置いていくよ。死ぬ気あるの」などと迫った。昼過ぎ、両親を車に乗せ、以前家族で行ったことがあった群馬県の草木ダムへ。

被告「ダムへ車でダイブできればそこでもよかったんですが、適当な場所がなくて。父は『列車に突っ込もう』とも言っていましたが、遺族に巨額の賠償が請求されるって聞いていたので、やめました」

自宅近くの利根川付近に戻り、暗くなるまで待って、川へ。直前、父の「ごめんね」という声が聞こえた。車ごと川に入ったが、水深1・1メートル付近で車が前に進まなくなった。足元から水が車内に入ってきた。

被告「母は『冷たいよ、冷たいよ』と何度か言っていました」

被告は運転席側のドアを開け、母、父の順に外へ引っ張り出した。

被告「母は『死んじゃうよ、死んじゃうよ』って手足をバタバタさせました。私は『ごめんね、ごめんね』としか言えなかった」

父とはいつの間にか離れてしまった。

被告「父には突き放された感じがしました。周りが暗くて、探せなかった」

母だけは離すまいと服を強く握った。すると、動きが止まった。自分の口にも水がどんどん入ってきた。苦しい。吐く。楽になる。また、苦しくなる。流されるうちに、右足が浅瀬をとらえた。一人でうずくまり、空を眺めたり、歌を歌ったりして夜を明かした。両親の命は失われた。

被告人質問の終盤、裁判員や裁判長から質問が続いた。

裁判員「事件の結果についてどうお考えですか」

被告「父は具合が悪くなる一方で、自分を惨めに感じているだろうなと思っていた。父が死に切れたことはよかったと思っている」「申し訳ないですが、私と母が死んで、今ここ（証言台）にいるのが父だったら、その方が残酷だった。生き残ったのが私でよかったと思います」

裁判長「重大な行為をした自覚はあるのか」

被告「生き残ったが故に、この罪に問われていると思います」

6月21日の論告求刑公判。

検察側は「他に取り得る手段があり、犯行を思いとどまる機会もあった。事件の重大性に向き合っていない」と懲役8年を求刑。

一方、弁護側はこう訴えた。「心中のきっかけは経済的な面ではない。生きる支えを失った父の姿を見て、被告は死んだ方が幸せだと思った。母を巻き込んだのは、大事に大事にしていたことの裏返しだ」。執行猶予付きの判決を求めた。

最終の意見陳述。被告は時折嗚咽《おえつ》を漏らしながら、声を絞り出した。

「今思えば、私と母は相似形の親子でした。父も含めれば三位一体の関係だった」

「いつの日か世間に出て、『あのとき一緒に死んでいればよかった』と思う場面があるかもしれないが、何があっても生きていくことが、両親への供養になると思っています」

「姉の証言がありましたが、私も実際、父を『お父さん』と呼んだことはありません。きょうは両親の月命日で……私のわがままなんですけど……」

涙で鼻がつまる。一呼吸置いて、こう言った。

「お父さん、お母さん、こんな私ですけど、これからもどうか見守っていてください」

6月23日の判決は懲役4年の実刑。「社会的な援助を受けて生きることもできた。生命を軽視していたと言わざるを得ない」。献身的な介護、深い親子関係を認めながらも、執行猶予は付けなかった。

宣告後、裁判員と裁判官からのメッセージが告げられた。

裁判長「仲良く暮らしたときのお父さん、お母さんの顔を忘れることなく、毎日を大切に生きてください」

「ありがとうございました」。被告は深々と頭を下げた。

検察、弁護側双方とも控訴せず判決は確定した。

（金子智彦）

理想と現実の差が生んだ悲劇

2016.8.25

「人助けがしたい」と強く願った男が空回りの果てに行き着いたのは、殺人の罪だった。大学の再受験を目指していた恋人を手にかけた男が、法廷で語った言い分とは——。

２０１６年６月20日、東京地裁７２５号法廷で開かれた裁判員裁判の初公判。被告の男(26)は黒いスーツに青ネクタイ姿で法廷に立ち、緊張した面持ちで起訴内容を認めた。

「間違いありません」

起訴状によると、被告は15年２月14日、東京都内の自宅で交際していた女性（当時24）の首を絞めて殺害したとされる。

被告はなぜ恋人を殺してしまったのか。冒頭陳述や被告人質問などから、事件の経緯をたどる。

被告は福島県出身。きょうだいとともに両親に育てられた。法廷で被告は、幼いときから抱えていた悩みを明かした。

被告「6歳ごろから吃音《きつおん》の症状があり、周りの友達とうまく付き合いができませんでした」

言葉が出にくかったり、同じ音を繰り返したりする吃音。母親は法廷で「被告が小学生のときに病院に行ったが、問題はないと言われた」と証言したが、被告にとっては大きな問題だったという。

被告「中学3年の壮行会で試合への抱負を述べるとき、吃音のせいではじめから最後までうまくしゃべれなかった。人生で一番の失敗。悔しくて苦しかった」

被告は「吃音による負の印象を払拭したい」と高校時代は東大を目指して受験勉強に打ち込んだという。希望はかなわず、浪人して大学進学を目指したが、断念。アルバイトなどの後、14年、地元・福島を離れて上京した。

弁護人「東京でどんな仕事をしたかったのですか」
被告「人の相談を聞いて、悩みを解決する仕事です」
弁護人「その仕事とは」
被告「探偵です」

契約社員やアルバイトなどで収入を得ながら、探偵事務所の開業を目指した。両親から仕送りを受けることもあったという。
被害者の女性とはツイッターを介して知り合った。大学卒業後、就職していた女性が、仕事を辞め、大学を再受験しようとしていることを知り、被告は14年10月、生活の支援を申し出た。

被告「生活面でも精神面でもサポートできるかもしれない。支えてあげたいと思いました」
弁護人「どうしてですか」
被告「自分と似た状況なのに、大学受験を目指すという前向きなところに共感しました」
弁護人「自分と似た状況、とは」
被告「社会的に弱い立場にあることです」

被告は、ツイッターでのつぶやきから「女性は対人恐怖症」という印象を持っていたという。まもなく交際が始まり、二人は同居するようになった。生活費は被告が全額負担するという約束だった。だが、被告には被害者に話していない借金があった。

弁護人「借金はいくらあったんですか」
被告「160万円ほどです」
弁護人「なぜ借金を」
被告「友人や以前勤めていた会社の先輩に貸していたのと、半分は自分の生活費です」
弁護人「なぜ借金してまで、先輩や友人に貸したのですか」
被告「先輩や友人は他に頼れる人はなく困っていたので、貸してあげようと思いました」

結局、同居するなかで、被害者に借金を知られてしまう。

弁護人「被害者は何と?」
被告「『本当に返済しきれるの?』と心配していました」
弁護人「あなたはどう思っていたのですか」

被告「返せると思っていました」

アルバイトを掛け持ちし、早朝から深夜まで働いていたという被告。15年2月3日には、探偵会社で正社員の試用期間として働くことになった。だが、働き始めて4日目の2月6日、被告は職場の先輩の車を運転中に物損の追突事故を起こし、約90万円を支払うことに。2日後、会社を休職することになった。

被告「今後の生活について不安に思いました。安定した生活ができるようになるのか、と」

一方、女性は学費を準備できず、その年の大学受験を断念。同じころ、かつての勤務先の会社で働き始めた。被告が借金の支払いができずに女性を頼ったことなどから、仕事や金銭面での考えの甘さを指摘し、同居解消をほのめかしていた。

そして、2月14日早朝。目を覚ました被告と女性は、借金と生活費の話になる。

弁護人「被害者からはどんな話を」

被告「『借金は返済できるの？』『この先、安定した収入は得られるの？』と。それを聞いて、この先どうしたらいいのかと思いました」
弁護人「被害者は何て」
被告「『見通しが甘いよね』と」

女性は再び眠りについた。被告は横で思いをめぐらせたという。

被告「これからの生活のことを考えていました。いつもなら前向きに考えられるが、この日はできなかった。人生を終わらせようという考えになりました」
弁護人「被害者については」
被告「一人にするのは心配で不安だと思いました」
弁護人「そのほかは」
被告「正直、自分一人で死ぬことへの恐怖もありました」

被告は隣で横になっている女性の首に手をかけた。女性は驚いた表情で両手を動かしたが、被告は力を緩めず、両手で首を絞め続けた。
殺害後、被告は2、3時間はぼうぜんとしていたという。午前11時すぎ、被告は被害者のL

ＩＮＥに「ご帰宅は何時ごろですか？」などとメッセージを送る。

被告「警察に行って出頭しようと思いましたが、自白できなければ失踪届を出そうと思いました。（ＬＩＮＥは）自白できなかったときのために、失踪届の参考になると思いました」

結局、被告は午後になって警察署に行ったが自白はせず、「彼女が帰ってこない」などと相談。しかし、被告の言動を不審に思った警察官が被告とともに自宅に行き、事件が発覚した。

裁判官は殺害の動機をいぶかしんだ。

裁判官「どうして首を絞めたのかが理解できない。最初は自分一人で死のうと思ったんですよね？」

被告「はい。（事件の）ほんの数分の間に、死のうとする気持ちの増大がありました」

被害者の勤務先の上司の調書によると、被害者は仕事も同僚とのコミュニケーションもうまくできていたという。被害者は被告の借金などの問題から家を出ることを検討していたが、「深刻な様子はなく、退社時も笑顔だった」と上司は振り返る。

質問は、被告が法廷で繰り返した「人を助けたい」という思いにも及ぶ。
検察官「事件前、あなた一人でも生活しきれていない状態でしたよね」
被告「そうだと思います」
検察官「そんな状態で被害者の生活をサポートするのは無理だったのでは」
被告「思いだけで動いていました」
弁護人「弱い人を放っておけないのは、いつからですか」
被告「吃音の出始めた6歳ごろからです」
弁護人「なぜ」
被告「自分が吃音の苦しさを経験するうちに、他の人の苦しみも理解できたのだと思います」
弁護人「彼女との関係ではどうですか」
被告「自分という人間の限界を知りたいと思いました。吃音を持っていても、人並み以上に生活できる人間になりたいという思いがありました」
被告の精神鑑定をした医師は、法廷で被告について「自己愛性パーソナリティー障害」と指摘。「相手を弱者に固定する傾向がある」と言い、自分が借金をしてまで人に金を貸す行為などを「人を救済したいという欲求のために、人を利用している」と述べた。吃音についても「過度にとらわれすぎている」と言った。

弁護人「何を間違えていたと思いますか」
被告「他の人の生活をサポートできる人間でありたいと強く願いすぎた結果だと思います」
弁護人「当時、何を受け入れられていなかったのだと思いますか」
被告「等身大の自分です」

被告の母親は法廷で、「親としてできる償いをしたい」と被害者や遺族への謝罪を述べ、「私の体が続く限り、何とか息子を更生させたい」と誓った。

被害者の母親は、検察官に代読してもらう形で意見を述べた。「被告は私の一番大事なものを奪いました。私は絶対許しません。娘のためにも、被告を死刑にしてください」

6月22日。検察側は、「動機はあまりに身勝手で短絡的。被害者に落ち度はない」として懲役17年を求刑。一方の弁護側は、「突発的な犯行で、被告は事件当時、疲労を蓄積し、精神的にも不安定だった」として懲役9年が相当と主張した。

東京地裁は6月27日、被告に懲役14年の判決を言い渡した。裁判長は「動機や経緯には必ずしも明瞭でない部分がある」と指摘し、「自らの身勝手な判断から、何ら落ち度のない被害者を殺害した。独りよがりで誠に理不尽な犯行だ」と厳しく非難した。吃音については触れなかった。

判決は確定した。

（塩入彩）

老いらくの恋、夢破れた夜に

2016.9.27

60歳を過ぎて出会った女性に、「人生最後のチャンス」と入れ込んだ男(67)。しかしその思いは、男の一方通行だった。真実を知ったとき、男は女性の首に手をかけた――。

2016年7月4日、東京地裁立川支部301号法廷。青いワイシャツに黒のスラックス姿で、被告の男は法廷に立った。

「間違いありません」

検察官が起訴状を読み上げると、男は細くかすれ、消え入りそうな声で犯行を認めた。事件直後に自ら首を包丁で刺して以来、声を出しづらいという。

起訴内容は、16年1月20日夜から21日未明に、自宅で交際相手の中国籍の女性(当時51)の首を両手で絞めて殺したというもの。判決や公判での被告の供述などから、事件をたどる。

被告は03年に刑務所を出所。1996年に交際相手の女性の首を絞めて殺した罪で、刑に服していた。相手の浮気を疑った末の凶行だった。「女性と深い関係を持つのはやめようと思いました」。出所後は警察沙汰を起こすこともなく、自動車関連会社で勤務。定年後も老人ホームで働いていた。

今回の事件で殺害された女性とは、同僚に連れられて行ったスナックで出会った。客と従業員として話すうち、意気投合して電話番号を交換。14年4月ごろから交際を始めた。

同年8月ごろ、二人はいつか一緒に中国旅行をしようと計画した。「100万円以上あれば、1カ月ぐらいの観光ができる」。女性にそう説明され、毎月5万円を積立金として女性に渡し始めた。年が明け、被告の自宅に毎月女性が泊まりに来るようになると、生活費としてさらに8万円も渡すようになった。

弁護人「あなたは将来どうなりたかったの」

被告「自分の伴侶として、人生最後のチャンスだと思いました。一緒に死ねたらいいと思いました」

弁護人「どんな性格にひかれたんですか」

被告「いつも明るく笑顔で、料理を残さず全部食べるところです」「『愛しているのはパパだけよ』『離れていても心は一つ』。いつもそう言われました」

16年1月20日夜。被告は自分の思い描いた将来が絵空事だったことを知る。

午後6時すぎ、被告はパチンコ店に女性を迎えに行き、一緒に自宅に帰った。作っておいた煮物と炒め物をテーブルに並べ、二人で晩酌を始めた。

弁護人「あなたにとってどんな時間でしたか」

被告「会っていてうれしかった。どれだけ心が安らぐか、それだけです」

二人で食卓を囲んでいると、女性の携帯電話が鳴った。誰からか尋ねると、女性は「店のお客さん」と答えた。「2時間ちょっと出ていいか」。女性に問われ、被告は誰と会うのか、なぜ断れないのか、何度も詰問した。

「旦那さん」。女性が告白した電話の相手は、思いも寄らぬものだった。

弁護人「どんな気持ちだった」

被告「ショックでした。2年間付き合って、女性の言葉を信じていました。『離れていても心は一つ』と言っていましたから」

「別れた方がいいね」と被告が問うと、女性は「それならそれでもいいよ」と返した。旅行費として預けていた月々5万円の積立金を返してほしいと言うと、女性は「お金はない」と告げた。

被告「パチンコに使ったと思いました。全部嘘だったんだと思いました」

被告はウイスキーのグラスを空け、寝室に転がった。台所を片付け終えた女性が寝室に来ると、被告は「旦那さんと私のどっちが好き？」と聞いた。

弁護人「女性は何と答えた？」

被告「わからないと言われました。悔しかったです」

弁護人「どんな答えを期待していた」

被告「パパが好きだったと言ってほしかった」

被告のかすれ声が震える。

弁護人「またお金のことも聞いたんですか」
被告「聞いたら『もうない』と言われました。私が中国旅行をどれだけ楽しみにしていたか。そうしたら、私に『あなたは心が小さい人ね』と言いました」
弁護人「その後、どういう行動をしましたか」
被告「苦しめてやろうと思いました」
弁護人「それで？」
被告「首を絞めたんです。両手で絞めたんです……」

女性は意識を失った。

弁護人「あなたはどうしましたか」
被告「我に返りました。タオルで拭いてあげました。かわいそうで、死なないでと思いました」

法廷に被告の嗚咽が響いた。被告は110番通報し、「彼女を殺しました」とだけ告げて電話を切った。そして、包丁を自分の首に突き刺したが、死にきれなかった。「女性のそばで死にたかったんです」

一方、被告は法廷で、女性と出会ったころに「ビザのために日本人男性の名前を借りている」と告げられていたと明かした。検察は、被告の認識を問いただした。

検察官「『ビザの関係で名前を借りている』とは、どういうことだと思っていたんですか」
被告「わかりません」
検察官「籍を入れているとは思わなかった？」
被告「思いませんでした」

被告は、遠回しに結婚も申し出ていた。

検察官「昨年9月、一緒に温泉に行った？」
被告「はい」
検察官「旅行で『籍を入れてあげていいよ』と聞きませんでしたか」

被告「はい。『大丈夫よ』と言われました」
検察官「どういう意味だと思った？」
被告「どういうことかとは思ったけど、深くは考えませんでした」

犯行当日のやりとりについても、質問が続く。

検察官「『旦那さん』と『名前を借りている人』は違う人だと思っていた？」
被告「はい」
検察官「なぜ？」
被告「初めてそこで、結婚していると思った」
検察官「旦那さんと別れてほしいとなぜ聞かなかったの」
被告「私と旦那、どっちが好きか聞いたらわからないと言われたからです」
検察官「わからないなら新しい関係を築けるとは思わなかったのですか」
被告「結婚している人と関係を持つのは無理だと思いました」
検察官「今振り返って、女性と十分に話し合いはできていましたか」
被告「十分できていなかったと思います」

裁判長も、被告と女性の関係について質問を重ねた。

裁判長「女性と結婚の約束をしていたの？」
被告「していません」
裁判長「旅行のときに籍を入れないか聞いたら『大丈夫』と言われたんでしょ。拒絶されたと思わなかったの？　商売上、好きってあなただけに言ってたわけじゃないかもしれない、そうは思わなかったんですか」
被告「そうは思いませんでした」
裁判長「20年前に人を殺してしまった過去を女性に話していた？」
被告「話していません」
裁判長「人生をともにしたかったんでしょう。隠し事をしなくてもいいじゃないですか」
被告「はい」
裁判長「あなたは女性のことが本当に好きだったんですか」
被告「好きでした」
裁判長「じゃあ命を奪わなくてもよかったじゃないですか。20年間何を学んできたの」

被告は、じっと固まったまま沈黙した。

7月5日、女性と被告それぞれの親族が法廷に立った。女性の姉は「死ぬまで刑務所にいてほしい。被告は前にも事件を起こしたのに反省していない」と憤った。被告の甥《おい》は、被告の再度の社会復帰の後について「責任を持って引き受ける」と誓った。

7月6日。検察側は「犯行の経緯、動機が短絡的で自己中心的。被害者が結婚していることを告げずに交際していたとしても、殺害を正当化できないことは明らか」などとして懲役18年を求刑。一方の弁護側は、「愛する女性に裏切られ、激情にかられて首を絞めた。人を殺していい理由にはならないが、被告の怒り、絶望は考慮してほしい」と主張。110番通報による自首が成立するとして懲役10年、自首が成立しない場合は懲役17年が相当と訴えた。

弁護人の最終弁論の間、被告はじっと目頭を押さえていた。最終陳述。「殺したことがどれだけ重大なことか。今は深い反省と後悔をしております。本当に申し訳ありませんでした」と頭を下げた。

東京地裁立川支部は7月7日、氏名や居場所を伝えていないことから自首の成立は認めず、懲役17年を言い渡した。裁判長は「怒りに任せて短絡的に犯行に及んだ点は、非常に厳しく非難されるべきだ」と指摘。一方で、「被告の殺意は、夫がいることを秘したまま交際し、犯行直前に『預かった現金を費消した』『心の小さい人ね』と述べるなど被害者の言動が発端だったことが認められる。犯行を正当化する理由には到底なりえないが、一定程度刑事責任を減少させる事情と言える」と述べた。

被告は判決後、弁護人に控訴しない意向を伝えた。

（根津弥）

＊追記　検察・被告側ともに控訴せず、判決が確定した。

制服に妄執した芸人の女性観

2016.10.2

高校に忍び込み、女子高生の制服を盗んだとして逮捕されたのは、コント日本一にも輝いた人気お笑い芸人だった。彼が法廷で語ったのは、華やかな芸能界での活躍とはかけ離れた複雑な心の内だった――。

２０１６年３月２日、東京地裁４２９号法廷であった初公判。人気お笑いコンビで主に「ツッコミ」を担当していた被告の男（45）は、黒いスーツ姿で証言台の前に立った。

裁判官「起訴内容に間違いはありませんか」

被告「間違いありません」

被告の起訴内容は、14年から15年に東京都内などの高校に忍び込み、女子高生の制服などを盗んだというもの。逮捕容疑と追起訴分を合わせ、８校に侵入し、うち6校から25人分の制服などを盗んだとされる。

被告が盗みに及んだのはこれだけではない。検察側は冒頭陳述で「被告は自ら認めているだけでも、20年ほど前から繰り返し制服を盗み出していた」と指摘した。

なぜ、人気芸人になってもこのような犯罪をやめられなかったのか。半年後の9月2日に行われた被告人質問で、被告は中学時代にさかのぼって制服への興味について語り始めた。

弁護人「なぜ制服に興味を持ってしまうのですか」

被告「中学校に上がってすぐ、小学校まで普通に話していた女子生徒にからかわれるようになり、制服や制服を着ている女性への劣等感を感じました」

中学、高校では、同じ年頃の女の子たちとうまく接することができなかったという被告。制服への劣等感の反動が、制服への強い興味につながったという。

被告「生身の女性は怖かったので、物である制服に向かったのではないかと思います」

その興味が犯罪へと変わったのは約20年前。被告はきっかけとして、1997年の母親の自殺を挙げた。

被告「亡くなってしまった喪失感以上に、一緒に暮らしていて母の決意を知らされていなかった驚きや、母を支えてやれなかった後悔がありました」

母親は難病に冒されていたが、被告はそれだけが自殺の原因とは思わなかった。

被告「母の遺書には、『父と同じ墓には入れないで』と書いてありました」

被告によると、運送業を営んでいた父親は、ギャンブルや女性問題で母親を悩ませていたという。母親の死後は、被告が父親を金銭面で支えてきた。

被告「父を憎む気持ちがとても強かったですが、それでも父親なので、捨て切れないというか……。誰を憎んでいいのかという気持ちにもなりました」

その相反する感情のもつれから最初の犯行に手を染めた、と被告は述べた。

被告「何かストレスがあってどうしていいかわからないときに、制服を持ってくることで自分をごまかしていました」

13年には父親の借金約2600万円を肩代わりし、最近では介護が必要になった父親の身の回りの世話などをしていた被告。一方の仕事面では、母親の死後、芸人養成所に入学。10年にはコント日本一を決める大会で優勝するなど、着実に活躍の場を増やしてきたように見える。だが、必ずしも順風満帆ではなかったという。

被告「(コント日本一の)賞をいただいた当初は仕事もいっぱいもらいましたが、(その後)どんどん減っていきました。(コンビの)パートナーに比べ、足を引っ張っている感じもありました」

給料は出来高制で、ここ数年はピーク時の半分に。コンビとしての仕事の給料は相方と折半していたが、それも心の負担だった。

被告「相方は僕の経済的状況をわかってくれていたので、(給料も)折半してくれました。ただ、ありがたいのと同時に恵んでもらっているような、申し訳ない気持ちになりました」

母親の自殺、父親との複雑な関係、仕事での負い目……。被告は制服への異常な執着の理由に強いストレスを挙げた。

被告「(犯行が発覚するなど)危険な目に遭わず、淡々と制服を持ってこれたので、罪の意識もなくなりました」

15年12月、被告は警視庁に逮捕された。警視庁は被告の自宅を捜索し、女子高生の制服や下着など約600点を押収。被告は所属事務所に契約を解除され、コンビは解散となった。

検察官は、その大胆な犯行態様を指摘した。

検察官「昼間に学校に侵入しているが、生徒や先生とすれ違うという不安はなかったのですか」

被告「すれ違うことは何度もありました。先生と思われる方に声をかけられることもありましたが、卒業生というそぶりで、普通にあいさつしてごまかしました」

検察官「芸能人として活躍していて、捕まれば仕事ができないと考えなかったのですか」

被告「無責任ですが、切り離して考えました」

検察官「インターネットなどの正規の方法で制服を買おうとは思わなかったのですか」

被告「矛盾していますが、そういうので買う方が自分の立場とか名前とかがわかると思い、自分以外の人と関わりたくありませんでした」

被告は逮捕後、被害者の供述内容を見て、被害者の思いを初めて知ったという。

被告「自分の物がなくなったことへの恐怖、親が買ってくれた物を奪われた悔しさ……。二度とそういう気持ちになる人をつくってはいけないと思いました」

公判では、結婚して実家を離れていたきょうだいも出廷し、今後は自分が父親の世話をし、兄を支えていくと約束。高校時代からの友人も証言台に立ち、これからはもっと被告の相談に乗り、仕事の面倒もみると誓った。

弁護人「もう二度と同じことはしませんか」
被告「強くそう思っています」
弁護人「またしたくなったらどうしますか」
被告「今までは男友達にも話せなかった興味なども腹を割って話せるようになり、それだけでも違うと思っています」
弁護人「もし、したらどうなると思いますか」
被告「もちろん、捕まると思います。僕の変な趣味を知っている人は多いですし、真っ先に疑われると思うので、もう二度とできないと思っています」

被告人質問の終盤。裁判官はあえて最初の犯行のきっかけについて追及した。

裁判官「あなたと同じようにコンプレックスを持っていても、犯罪する人ばかりではない。どうしてそういうことに？」
被告「早い段階で大きな罪という意識を遮断してしまったというか、考えないようにしていました」

裁判官「繰り返していくなかでそう思うのはまだわかりますが、なぜ最初のとき、犯行に踏み出してしまったのですか」

被告「はっきりと覚えているわけではないのですが……」

裁判官「今振り返ってみて」

被告「最初は持ってきてはいけないものを持ってきているおびえや認識があったが、何かの拍子で一線を越えて持ってきてしまい、うやむやにしてきてしまった」

裁判官「どうして踏み出してしまったかをしっかり考えないと、また同じことになり、周りの人を悲しませますよ。その辺もよく考えた方がいいのではないですか」

9月9日。東京地裁は、検察側の懲役3年の求刑に対し、懲役2年6カ月執行猶予4年の判決を言い渡した。「被告の性癖は根深く、再犯も懸念される」とする一方、被害者16人と示談していることなどが考慮された。

判決後、裁判官は説諭した。

裁判官「あなたの話や捜査段階の供述調書を見る限り、問題の根は相当深く、更生はそんなに簡単ではないと懸念している。何が更生に役立つかよく考えて、もう二度と裁判所に来ることがないようにしてください」

説諭が終わると、被告は傍聴席を振り返り、深々と頭を下げて退廷した。判決は確定した。

（塩入彩）

アマゾンに夢重ねた密売医師

2016.10.25

食欲を抑え、楽にやせたい。そんな思いにつけ込み、「全国最安値」を売り文句に、服用を誤れば健康被害の恐れがある向精神薬を「ダイエットピル」（やせ薬）として売りさばいていた医師が逮捕された。モラルを捨て、金もうけに走った医師の事情とは——。

2016年9月26日、東京地裁の713号法廷で開かれた裁判員裁判の初公判。濃紺のスーツにネクタイを締め、姿勢を正して法廷に立った被告の医師の男（58）は、裁判長に起訴内容について問われると、「間違いありません」と答えた。

起訴状によると、男は向精神薬「サノレックス」を4人の男女に計約6000万円で売ったほか、販売用に約110万錠を所持した麻薬特例法違反の罪に問われた。また、向精神薬を売るため、インターネットで不正に広告した罪にも問われた。

公判などから事件の経緯をたどる。

被告は1988年、医師登録。勤務医を経て、2012年、東京・六本木駅近くの一等地に皮膚科・形成外科のクリニックを開設し、院長になった。クリニックの「売り」は「ダイエット外来」。2年後には、クリニックのホームページで「サノレックス 1錠350円」「全国的に最安値」「その場でお渡し」などと宣伝を始めた。

サノレックスには食欲を抑える効用があり、「ダイエットピル」として知られる。検察側は、サノレックスは「やせ願望」を実現させる「夢の薬」である一方、食欲抑制効果には耐性があり、次第にやせにくくなるため、薬を増量してやめたくてもやめられなくなる、と主張した。覚醒剤に似た依存性もあり、他人に危害を加える「戦闘モード」が高まることもある。また過剰に服用すれば、呼吸困難や昏睡《こんすい》などの恐れもあるという。

このため、医師の適切な処方や管理が必要とされるが、被告が入手した約110万錠のうち、患者に正しく処方したのは3％に満たなかったという。

被告人質問。

弁護人「(インターネットの広告には)『処方制限はございません』という記載もあるが、これは」

被告「ほかのクリニックは1錠250円で処方する、と言いながら、『きょうは1錠だけ』『処方は来週』というのが実態。うちはちゃんと当日に処方する」

被告は一度に平均約30錠処方していたという。

弁護人「ほかのホームページを見ていたのか」

被告「価格ランキングや患者の評価を毎日確認していました」

被告のクリニックは、インターネットの口コミで知った海外からの患者も多く、中国人だけで数百人いたという。多くはサノレックス目当てだった。

さらに被告は、薬を仕入れて売りさばく「密売人」の男女にもサノレックスを大量に売っていた。密売の「元売り」でもあったわけだ。14年1月ごろ、被告の元に1通のメールが来た。

《香港や上海の富裕層に日本の医薬品を転売するビジネスをしている者です。先生から医薬品を調達できませんか》

2カ月後、診察時間にイノウエという男から、同じ内容の電話があった。後に中国人とわかった。

弁護人「すぐに取引を始めたのか」
被告「いいえ、何度かやりとりした上です」
弁護人「電話だけで取引しようと思ったのは」
被告「量が少なかったので、気軽に」「国内では売らないのが条件だった」

9月、イノウエとの取引は100錠単位で始まった。金額にして5万〜10万円だった。
二人目の売人はマナカと名乗る女だった。診察室に来て「ビタミン剤で先生とビジネスをやりたい」と持ちかけてきた。マナカには1回あたり1万〜2万錠を売った。金額が500万円を超えることもあった。

弁護人「マナカに『医療業界のアマゾンになりたい』と話したか」
被告「はい。アマゾンみたいにいっぱい商品を売りたいと、一種の野望的なことを言いました」
弁護人「どういう意味」

被告「アマゾンは本から始まって、今やクリック一つで乗用車も売る。そういう会社を理想としました」
弁護人「具体的には」
被告「医師の私で言えば、ダイエットなどの医療サービスを商材と考えました。（クリニックの）医師は私一人ですが、ネット上で総合病院を目指しました」

マナカとの取引がスタートした翌月、リンという女には3万4300錠を840万円で売った。4人目は被告を「社長さん」と呼んでいたヤンという男。クリニックにキャリーバッグを持って訪れ、「これいっぱいに買いたい」と言った。

弁護側は、被告の生い立ちを聞いた。

弁護人「どういう家庭だったのか」
被告「父がアルコール依存症で、家庭内は機能不全でした」
弁護人「暴力は」
被告「ありました」

被告は、都内の私立中・高で学んだ。「御三家」と呼ばれる難関校だ。

弁護人「(被告が) 中学受験をしたきっかけは」

被告「子ども心に何とか家庭を再生させたい。そのために勉強してより良い立場になりたかったです」

卒業後は名門私立大の医学部へ進学した。

弁護人「そこで目標は満たされたのか」

被告「有名人のご子息や、実家が大病院のご子息がいました。私は努力して一本立ちしなければというプレッシャーがありました」

弁護人「一本立ちとは」

被告「金を稼ぐことです」

密売人への売り上げから仕入れ値を差し引いた残りの約1300万円の利益を手にした被告。

だが、クリニックは、危険な「やせ薬ビジネス」をしなくても、年間数億円規模の売り上げがあった。
「何度も潮時かなと思った」という被告。密売開始から8カ月後には、国内出荷量の半分を扱うようになっていた。医薬品卸売会社が不審を抱き、関東信越厚生局麻薬取締部が捜査に乗り出す。取引は15年7月、クリニックの職員が麻薬取締部に事情を聞かれた時点で終わった。2カ月後、被告はクリニックを廃止し、逮捕された。

検察官「感覚が麻痺《まひ》していたのか」
被告「麻痺ではないが、(高額の取引に)慣れてしまいました」
検察官「受け渡しの方法は」
被告「サノレックスと書いてある箱から出して、紙袋に詰め替えていました」
検察官「なぜ」
被告「規制医薬品だからです。危機管理上のことです」
検察官「発覚を免れるためか」
被告「その通りです」

保釈後、医師登録の抹消を申請した。「これで私の人生が終わったと思いました」。被告は法廷の椅子に浅く腰掛け、犯行を振り返った。

10月4日の判決。裁判長は「過去に比較すべき事例がないほど大規模な密売で、社会に大きな危険をもたらす行為だ」「医師として期待される責任感や倫理観は全く感じられない」などと強く非難し、「刑の執行を猶予すべき事案とは到底考えられない」と指摘。懲役6年6カ月、罰金400万円を言い渡した。追徴金は、起訴された密売の売り上げと同額の6473万円とした。

裁判長は最後に、「今後は本当に社会の役に立つ生活をしてください」と語りかけた。被告は小さく「はい」と答え、頭を下げた。

弁護側は控訴した。

（志村英司）

＊追記　東京高裁は控訴を棄却し、弁護側は最高裁に上告した。

第三部

信金の女が落ちた背信の恋

愛に気づいた結婚詐欺師の女

2016.11.11

生涯の伴侶を求めて結婚相談所の会員になった60代の男性は、ひと回り以上年下の女に好意を抱いた。ところが女は結婚詐欺師。好意につけ込んで3000万円近くをだまし取るが、いつしか女の心境に変化が生じ始めた——。

2016年5月16日、千葉地裁八日市場支部で開かれた初公判。スーツ姿で法廷に現れた被告の無職の女（52）は、茶髪に赤い縁の眼鏡をかけていた。だまし取ったとされる金額の一覧表を検察官から示され、じっと見つめた。

裁判官「間違いありませんか」

被告「はい」

起訴状によると、被告は、結婚相談所の経営者の女（52）＝詐欺罪で懲役2年が確定＝と共謀し、13年11月から14年11月、会員の男性（66）から6回にわたり計約２９００万円をだまし取ったとされる。

判決などをもとに、事件の経緯をたどる。

11年冬ごろ、被告は結婚相談所の会員になった。当初はまじめで良い人がいたら結婚したいと思った、という。

13年10月6日の婚活パーティー。被告は一人の男性に目をとめた。間もなく被告は、結婚相談所の経営者の女とともに、この男性に現金を要求し始めた。

最初に金の話をしたのはパーティーから12日後の10月18日。男性と被告が東京・品川のしゃぶしゃぶ店で食事をした際だった。

被告「３００万、支援してほしいの」

11月5日、千葉県船橋市にある結婚相談所の事務所で、相談所経営者とともに再び金を無心した。

経営者「（被告は）会社を辞めるとき、300万円の借金をしていたため、社長に『払わなければ俺の女になれ』と言われている」
被告「支援してほしい」

すでに男性は、結婚を前提に、被告に好意を寄せていた。2日後、男性は二人に現金300万円を渡した。被告は100万円、経営者が200万円と分け合った。
14年1月上旬には、男性の自宅でも。

被告「実は結婚相談所の経営者に対して1000万円の借金がある」

男性は、3月と4月に2回に分けて計1000万円を渡した。
次に持ち出したのは被告の「父親」の話だ。被告は、自分の父親が一緒に生活したがっている、と男性に伝えた。
6月中旬から下旬、男性の自宅。

経営者「(被告の)お父さんはわがままで誰の言うことも聞かないので、一緒に住むようになると、家庭が壊れてしまう」「お父さんには施設に入ってもらった方がいい」

施設に入る費用として男性は6月末、現金600万円を渡した。なぜ詐欺を働いたのか。被告人質問で弁護人の問いかけに、被告はこう答えた。

被告「持病があり、将来について不安だった」
弁護人「抵抗はなかった?」
被告「ありました」
弁護人「なぜやめられなかったのか」
被告「結婚相談所経営者への恐怖感から抜け出せなかった」

検察官も尋ねる。

検察官「結婚相談所経営者からの暴力はあったのか」
被告「『韓国に沈めるぞ』と言われた」

検察官「詐欺を働いた本当の理由は」
被告「最初は詐欺とは思っていなかった。まじめな人がいたら結婚しようと思って入会した。そしたら詐欺を働いてしまい、どんどんエスカレートしていった」

現金を要求するのに使った架空の話は、結婚相談所経営者が考えたという。同じ話は2度は使わず、演じる前には多いときで週3回、打ち合わせをした。
現金を最初にだまし取ってから半年後。被告は男性に好意を抱き始めていた。

弁護人「半年経って、男性への感情の変化は」
被告「持病や年齢への不安から、結婚したいなと思い始めた」
弁護人「それでも、だました」
被告「申し訳ないとは思っていた」
弁護人「でも、結婚していいなと」
被告「はい」

被告は14年夏に持病で入院したが、退院後も結婚相談所経営者とともに現金を要求した。

14年11月上旬から中旬、男性の自宅。

被告「4年前に付き合っていた人がストーカー行為を繰り返して困っているの」

経営者「1000万円を渡してストーカー行為をやめさせて、別の所に引っ越してもらう」

男性は同月17日、銀行で1000万円を引き出そうとした。ところが、詐欺の可能性を疑った銀行員が110番通報。被告と結婚相談所経営者は、警察の事情聴取を受けた。

それでも、現金をだまし取るため、「架空の物語」を続けた二人。翌18日、二人は男性に婚姻届を作成させ、市役所に提出させた。

経営者「ストーカー対策として、少しでもお金を用意してほしい」

男性はこの日、現金100万円を渡した。

経営者「今度私が来たときに、残りの900万円を用意してほしい」

3日後、男性は要求された900万円を渡した。

再び被告人質問。

弁護人「結婚は本気だったのか」
被告「はい」
弁護人「いつ（詐欺行為を）やめようとした」
被告「入院中にやめようと考えました。それまでは毎日、結婚相談所経営者から電話が来ていたが、電話が来なくなり、見舞いもなかった。関係が途絶えたと感じた」

15年7月、被告は男性に犯行を告白し、離婚届を提出した。

弁護人「自白したとき、男性の様子は」
被告「残念そうな様子だった」
弁護人「なぜ離婚届を出した」
被告「男性の母の保険金を結婚相談所経営者が狙っていた。離婚すれば保険金は取られないかと」

男性が被害届を千葉県警に提出したのは同年11月。県警は16年3月、被告を詐欺容疑で書類送検し、結婚相談所経営者を同容疑で逮捕した。

弁護人「だまし取った現金はどうしていた」

被告「基本的には結婚相談所経営者が計画を立てていたので、その代金として多く取られた」

だまし取った計約2900万円のうち、被告が手にしたのは1100万円。一方、結婚相談所経営者は現金の大半を相談所の経営費用に充てていた。

弁護人「これまでに2000万円を（男性に）返金した」

被告「はい」

弁護人「残りは月3万円ずつ25年間にわたって返済する」

被告「間違いありません」

弁護人「仕事はどうするのか」

被告「派遣会社5社に依頼した。毎月支払っていきたい」

法廷では「被告を許すつもりでいる」とする被害者の男性の調書も証拠採用された。

検察側は「被害者の好意を利用し、共犯者と事前に打ち合わせをした上で犯行に及んだ」などとして懲役3年を求刑。一方、弁護側は「犯行を被害者に自ら打ち明け、被害の拡大を防いだ」などと述べ、執行猶予付きの判決を求めた。

5月23日、最終意見陳述で被告が証言台に立った。

被告「男性の優しさ、誠実さに気づかず、申し訳ありませんでした。これからの人生において、男性のことを思い、頭に入れて、精いっぱい仕事をし、償っていきます。本当に申し訳ありませんでした」

6月13日。千葉地裁八日市場支部は、懲役2年執行猶予4年の判決を言い渡した。

裁判官は「婚姻届を提出してまで金銭を得ようとするなど手口は巧妙で、犯行態様は執拗《しつよう》で悪質」とする一方、「受領額について示談を成立させ、被害者も宥恕《ゆうじょ》している」などと量刑の理由を説明した。

被告はうつむき加減でじっと判決を聞いた。控訴せず、判決は確定した。

（滝口信之）

信金の女が落ちた背信の恋

2016.11.21

親の介護、子どもの行く末。将来に不安を抱えた30代のシングルマザーは、出会い系サイトで知り合った男と恋に落ちた。優しい言葉をかけてくれた男は、女が金融機関で働いていると知った瞬間、態度を豹変《ひょうへん》させた——。

2016年4月26日、名古屋地裁で開かれた初公判。信用金庫元職員の被告の女（33）は視線を落としながら、証言台に立ち、消え入りそうな声で起訴内容を認めた。

被告「間違いありません」

起訴状などによると、被告は14～15年に金融機関で入手した顧客情報を、交際していた内装業の男（42）＝詐欺罪などで公判中＝に漏らし、見返りに現金やバッグを受け取ったとされ、不正競争防止法違反の罪に問われた。
公判などから事件の経緯をたどる。

7月5日に行われた被告人質問。黒髪を後ろで結び、黒いスーツに眼鏡をかけた姿で臨んだ。どこにでもいそうな、まじめな女性に見える。

裁判官「愛情も金もほしいと思ったのですか」
被告「……そういうことです」

被告は06年から信金で働き始め、11年から融資部で住宅ローンの申請書類の点検などを担当。男との出会いは、14年6月ごろ、出会い系サイトがきっかけだった。「安心していいから」。男は被告に優しく声をかけてくれた。被告は男を信用し、好意を抱き、交際が始まった。

出会って2カ月後、被告が金融機関に勤めていることを男が知ると、状況が変わる。
被告「はじめは（顧客情報を）持ってこられないかと軽い感じで言われた」

対価として100万円を示されたが、当初は罪悪感などから依頼を断った。だが、男の要求は何度も続いた。

被告「男のことが好きだったので、断り続ければ不要とか、一緒にいても意味がない、応えられない女と思われるのが嫌だった」

被告は、さまざまな方法で顧客情報を渡すようになる。

当初は、信金に保管されている顧客の保険証のコピーをスマートフォンで撮影し、その画像を男に見せた。

その後、男は年収の高い顧客の情報や顧客の年齢を指定。融資申込書のコピーの持ち出しを要求した。

被告はコピーそのものを渡すと自身の犯行であることが後に発覚しやすくなると考え、融資申込書に書かれた氏名、住所、年収などの個人情報を自らの業務用パソコンで表計算ソフトに打ち込んで印刷。紙は職場のキャビネットに保管した。

被告は男に会う前に打ち込んだ紙を持ち出し、愛知県内の駅や男の家近くで直接手渡した。

男は紙を受け取ると、「これでいいよ、ありがとう」。月1回ほどのペースで男に渡し、少なくとも35人分の顧客情報が流出した。

被告は男が情報を悪用していることに何となく気づき、一度、利用目的を聞いたが「色々ある」とごまかされた。それ以降、聞くことをやめた。

男は得た情報を使って運転免許証を偽造していたとされる。15年9月から10月に偽造免許証を使って自動車購入のローン契約を結び、乗用車をだまし取ったとして、詐欺容疑などで16年2月に愛知県警に逮捕された。のちに、暴力団とのつながりも明らかになった。

男の自宅からは、被告が手渡した紙が見つかった。顧客情報の流出が明らかになり、被告との関係も浮かび、被告の逮捕につながった。

検察官「外部に漏れる影響は考えなかったのか」

被告「考えが及びませんでした。たくさんの職員が積み上げてきた信用を一瞬で失わせてしまいました」

被告の逮捕後、信金には400件近い問い合わせがあり、預金契約の解約も発生した。職員は顧客への謝罪に追われた。

検察官「男への現在の気持ちは」
被告「特にどういう気持ちもありません」
検察官「男に恨みは」
被告「会わなければ事件を起こすこともなかったと思うが、話に乗ったのは私。私の責任です」
検察官「男のせいだとは思わないのか」
被告「身柄が拘束されているときはそう思いましたが、今は私が悪いと思っています」
被告は顧客情報の対価として、現金約160万円やブランド品のバッグなどを受け取っていた。
検察官「金に困っていたのか」
被告「片親で6歳の子どもの世話を見ていくことと、老いていく両親の世話を一人で見るという漠然とした将来への不安がありました」

被告は離婚し、6歳の子を育ててきた。子に対する気持ちを検察官に問われると、被告は声を詰まらせた。「正しいことを教えなければいけない私が誤ったことをしてしまった。それでも笑顔でいてくれた。あの子を守っていこうと思っていたのに、今はあの子に守られています」

公判では、現在の被告の婚約者も証人尋問で出廷した。「心の底から謝罪をしていて、後悔の念も強いと思う。子どものことを一番に考えて、1年以内には結婚をしたい」と述べた。

検察側は論告で、男との関係維持と報酬を目的に情報を漏らした、と指摘。「顧客情報を外部に流出させることは金融機関に対する背信行為。結果、情報は詐欺に悪用された」として、懲役2年6カ月を求刑。弁護側は被告が婚約者の会社ですでに働いていることや、受け取った現金を使っていないことなどを挙げ、執行猶予付きの判決を求めた。

名古屋地裁は7月19日、被告に懲役1年6カ月、罰金150万円の実刑判決を言い渡した。判決は「自己の欲望を優先し、生命線ともなる顧客情報を開示するという背信行為をした」と指摘。婚約者が被告と子と生活をともにして被告を監督することを約束したことや、子がいることを考慮しても実刑は免れないとした。

判決を言い渡された被告は、証言台から離れても、宙を見ながら、ぼうぜんと立ち尽くしていた。被告は控訴した。

（山本恭介）

＊追記　名古屋高裁で懲役2年、執行猶予4年、罰金150万円が言い渡され、確定した。

2016.12.22

妻失い、娘と出した結論は……

夫婦と娘二人の4人家族の生活を暗転させたのは、妻が受けた突然のがん宣告だった。9カ月後、妻に先立たれた男（47）は、喪失感から生きる意欲を失う。残された3人が選んだ悲劇の結末とは――。

2016年9月15日、千葉地裁801号法廷で開かれた初公判。被告の男は、白シャツに黒のズボン姿で初公判の法廷に現れた。被告は15年12月14日、長女（当時23）と次女（当時22）の承諾を得て、千葉県袖ケ浦市の自宅浴室で練炭を燃やし、二人を一酸化炭素中毒で殺害したとして承諾殺人の罪に問われた。

裁判長「公訴事実に間違いはありませんか」

被告「違います。3人で自殺したので、殺意を持って殺したのではない」

冒頭陳述や被告人質問から事件をたどる。

被告は21歳で結婚。農林業や港運関係の仕事に就き、家族4人で暮らしていた。次女は、小学生のときのいじめなどがきっかけで社会不安障害を抱え、自宅に引きこもりがちだった。面倒を見ていたのは妻。家計の管理や家事も妻に任せきりだった。

弁護人「奥さんはどんな存在？」
被告「家庭の中心的な存在だった」
弁護人「次女はどんな子？」
被告「人見知りで内気。人に会うのが怖く、人の目を見ることができない」
弁護人「（障害の）症状は」
被告「手首をカミソリやボールペンで切ったことがある。そのたびに、かみさんが抱きしめていた」

暗転したのは14年8月。妻が虫垂がんの腹膜偽粘液腫と診断された。セカンドオピニオンを求めて東京都や滋賀県の病院で診てもらったが、結果は同じだった。

15年4月、妻は滋賀県の病院で8時間の手術を受け、一時回復に向かった。だが5月2日、病状が急転して息を引き取った。

弁護人「奥さんが亡くなったのは」

被告「俺の責任。手術をするように説得したのは俺だった。手術しなければ、あと3、4カ月、長生きできたと思う」

被告は自分の背中に妻の戒名を入れ墨で彫った。自宅近くの妻の墓前で毎朝毎晩、手を合わせ、仕事には行かなくなった。「愛しています。もう限界。死んで楽になりたい」。寝室の壁にそう書いた。

弁護人「最初に自殺を考えたのは」

被告「かみさんが死んでから。存在が大きかった」

弁護人「妻が亡くなってからの1日のスケジュールは？」

被告「午前3時に起きて仏壇に行き、線香を上げる。朝ご飯を食べて、お墓に行く。それから会社に行こうとするが、途中で苦しくなって、お墓に戻る」
弁護人「夜はどうする」
被告「次女と夕飯を食べてからお墓に行き、かみさんに話しかける」
弁護人「会社に休む理由はどのように説明した？」
被告「次女が引きこもりだということを会社は知っていたので、そう話した」

被告はLINEで長女や次女と頻繁にやりとりするようになった。メッセージは裁判の証拠として提出された。

《15年5月28日》
被告「少し寝なよ。苦しまずに死ねる方法を調べておくね」
次女「もう限界？　私は死んでもよいとは思うけど、やっぱり死んだ後が怖い。色々調べたらやっぱり怖い。でも生きていけるかなって……どっちも怖い」
《7月16日》
被告「頑張ろうと思ったけど無理かも。8月が限度かもゴメン」

長女「(次女に)言ってみてー」
被告「(次女が)頑張ろうとしているのにまだ、言えないでしょ? かわいそうだよ」

妻ががんと診断されてから1年後、被告は自殺を図った。

弁護人「8月27日に自殺しようとした」
被告「子どもの顔を見て死ねないと思った。二人に自殺をしようとしたことを告げた」
弁護人「二人の反応は」
被告「長女が『わかっていた』と。『いくときは一緒だよ』と」
弁護人「その言葉を聞いて?」
被告「一緒にいけるな、とホッとした」
弁護人「二人から他に何か聞かれた」
被告「『いくときは睡眠薬だけではいけないの』『どこで死ぬの』と言われた」
弁護人「何と答えた」
被告「風呂場でいこう、と」

長女とのＬＩＮＥのやりとりは続いた。

《10月9日》
被告「もう疲れたよ」
長女「終わりにするならしようよ」
被告「そうだな！　後は（次女を）殺すよ。協力してな」
《12月7日》
被告「今週に（次女に）いけるか聞いて」
《12月9日》
長女「（次女には）伝えた」

15年12月13日夕、被告は妻の分を含む家族4人分のすしを買いに行った。自宅1階のリビングで3人で夕飯をとった後、被告は2階の寝室で遺書を書いた。一方、長女はこの夜、職場の同僚とも普通にＬＩＮＥでやりとりをしていた。12月20日に同僚と遊びに行く約束もあった。

長女と次女の遺書はなかった。

翌14日午前4時すぎ、被告は長女に睡眠薬を渡し、長女が次女にも渡した。風呂場に布団を敷いた後、被告は台所で練炭に火をつけ風呂場に持っていった。

弁護人「娘二人は」

被告「風呂場の布団に寝ていた。長女の髪の毛を踏んでしまい、『痛い』と言われた」

弁護人「会話は」

被告「二人に、後からいくよと伝えた」

弁護人「そしたら」

被告「うん、と言った」

被告は再び台所に行き、別の練炭に火をつけて脱衣所に置いた。妻の遺影と位牌《いはい》を浴室に持っていった後、さらにもう一つの練炭に台所で火をつけ、脱衣所に置いた。娘二人は睡眠薬が効いて寝ていたという。

裁判官「浴室で練炭を使って自殺しようとしたのはなぜ」

被告「場所が狭く、練炭からの一酸化炭素が充満しやすく、寝やすかった」
裁判官「二人に死にたい理由を何と話した」
被告「一人で死ぬのは嫌だ、3人でいきたい、と」
裁判官「心中の動機は」
被告「かみさんの死」
裁判官「後を追いたかった」
被告「そうです」
裁判官「楽になれると」
被告「苦しまなくてすむ」
裁判官「苦しみとは」
被告「かみさんがいない世界にいる苦しみ」
裁判官「娘さんと一緒に死にたかったのはどういう気持ち」
被告「残すのが嫌だった」

この日午前10時半ごろ、被告はおばにメールを送った。「今までありがとう。持ちませんでした」と。おばの通報で駆けつけた警察官が被告と娘二人を発見。3人は病院に運ばれ、被告だけが一命をとりとめた。

弁護人「どうしてメールを送った」
被告「人が来ないと遺体が腐敗すると思った」
弁護人「その後は」
被告「覚えていない。気がついたら病院だった」

検察側の証人尋問で、妻の妹が証言台に立った。

検察官「(被告の妻の)通夜で会ったときの娘二人の様子は」
妻の妹「長女の方は一生懸命、次女を支えると言っていた。『一生懸命生きよう』と。次女の方に『3人で頑張らなくちゃね』と声をかけたら、『うん』とうなずいていた」
検察官「被告人にかけたい言葉は」
妻の妹「許せない。姉は子どもと生活するために手術をした。それなのに姉の気持ちを台なしにした。姉の生きてきたものをすべてなしにされた」

16年9月21日、千葉地裁。

検察官は「被害者両人の同僚らの供述や被告人とのLINEのやりとり内容からすると、母の死を悲しみつつ、自身の人生を歩んでいこうとしていた」と指摘。「被告人が実行行為のすべてを自ら単独で行った」などとして承諾殺人罪が成立すると主張し、懲役3年を求刑した。

一方、弁護側は「3人が協力して自殺をした」「殺害したという法的評価を加えるべきではない」などとして自殺幇助罪の適用を主張。執行猶予付きの判決を求めた。

同日、最終意見陳述で被告が証言台に立った。

「子どもたちに大変申し訳ないことをした。子どもたち、かみさん、愛した家族のために、生きてみたいなと思っています」

10月12日、千葉地裁803号法廷。

「被告を懲役3年執行猶予5年に処する」。裁判長が読み上げる主文を、被告は前を向いたまま聞いた。

判決は、娘二人は自ら睡眠薬を飲んだが、被告が置いた練炭による一酸化炭素中毒で死亡したとして、検察側の主張通りに承諾殺人罪の成立を認定。一方、被告は重度のうつ病による心神耗弱状態にあったとして、執行猶予とすると述べた。
控訴期限までに検察側、弁護側の双方とも控訴せず、判決は確定した。

（滝口信之）

通学路で奪われた9歳の命

2017.2.3

時間を戻してほしい。あの事故をなくしてほしい。この先どうしたらいいのか――。

東京都世田谷区で2014年9月、通学路を歩いていた小学生に軽トラックが突っ込み女児3人が死傷した事故で、娘を奪われた父は法廷でこう訴えた。一方、運転手は病気で意識がなかったと無罪を主張。法廷は供述の真偽をめぐり、攻防となった。

16年8月、東京地裁の813号法廷。自動車運転死傷処罰法違反（過失運転致死傷など）の罪に問われた配送業の男（63）の初公判が開かれた。

「事故を起こしたのは間違いありませんが、直前の意識がなく悶々《もんもん》としています」

罪状認否で男の声が法廷に響いた。弁護人も「気を失った可能性があり、罪に問われるべきではないと考える」と無罪を訴えた。

起訴状によると、昼過ぎにセンターラインのない都道を時速25キロで走っていた軽トラックが右側にそれ、路側帯にいた小学3年の女児（当時9）と同級生二人をはねた。女児は軽トラックと電柱の間に挟まれ、翌日に出血性ショックで亡くなり、同級生たちは重軽傷を負った。

男は14年6月にも渋谷区で50代女性に約8カ月のけがを負わせる事故を起こしており、これについても自動車運転死傷処罰法違反（過失運転致傷）の罪で起訴された。

16年10月の被告人質問。傍聴席には事故に遭った女児の親族の姿があった。

被告「人通りが多い道で、小学校の下校時間だからお子さんもいました。注意して運転しなければと思っていました」

弁護人「次に気づいたときは」

被告「電信柱にぶつかっているのに気づきました」

弁護人「事故の原因は何だと思うか」

被告「事故直前の意識がなく、その原因がわからずに悩んでいます」

これまで男が失神など体に異変を感じたことはなかったという。

弁護人「逮捕後の鑑定ではどんな結論だったのか」
被告「心臓に疾患があって気を失ったことは認めるが、事故の前か後かは判断がつかない、という内容でした」

保釈後、男は精密検査で「発作性上室性頻拍《じょうしつせいひんぱく》」と診断された。心臓のリズムが突然速くなり、動悸《どうき》やめまい、まれに失神を引き起こす病気とされている。

一方、検察側は心臓の疾患は事故を起こしたストレスなどによるもので、事故前に失神はなかった、と主張。男が前をよく見ずに軽トラックを運転し、3人を死傷させたと訴えた。

検察官「あなたは現場で警察官に、『女の子に気づいてブレーキをかけたが間に合わなかった』と話しましたね」
被告「そういうことを言った記憶はありません」

検察官は、細かく現場の状況を質問した。
被告「事故の数メートル手前ぐらいまで覚えています。右斜め前に女の子たちが歩いてきたなという印象です」

検察官「次に記憶があるのは」

被告「電信柱にぶつかって気を取り戻したときです。ぶつかった衝撃は、今の記憶では感じていません」

検察官「意識が戻ってからは」

被告「エンジンを切って、シートベルトを外して車から降りました」

検察官「その動作は急いで行ったたか」

被告「そういう印象です」

検察官が立証の決め手にしたのは、男が衝突して車外に出るまでの時間だった。複数の目撃証言や防犯カメラの映像などから、判明したのは「遅くても15秒」だった。救急医や脳神経外科医からは「失神すれば、目覚めるまで少なくとも数十秒から数分かかる」という証言も得ていた。

検察側は、主張を補強するため起訴後に再現実験をした。事故車と同じ型の車を用意し、同世代の男性6人に、ギアをパーキングに戻す↓サイドブレーキをひく↓エンジンキーを抜く↓シートベルトを外す↓車外に出る、という動作をしてもらった。平均の所要時間は15・75秒で、早い人は12秒。被告もこの範囲内だった。
検察官は、男が車外に出た後の行動も尋ねた。
検察官「取引先の社長や奥さんに電話をかけませんでしたか」
被告はかけたことを認めた。
被告「見ず知らずの女性から、すでに警察と消防に電話したと言っていただいたので」
検察官「(ほかの人たちは) 車を押して被害者の救出にあたっていたのでは」
被告「錯乱していたので覚えていません」
続いて、被害女児の代理人弁護士が質問した。
代理人弁護士「被害者が複数いると気づいたのはいつか」
被告「救急車で (亡くなった) 女児が運ばれた後、道の反対側に座っていて、『あー、この子たちもいたんだな』と思った」

代理人弁護士「被害者3人の名前を言えるか」

被告は亡くなった女児の名前は答えたが重軽傷の二人は思い出せなかった。

代理人弁護士「謝罪文を書いていながら覚えていないのか」

被告「覚えておりません。すいません」

翌月、被害女児3人の父母が裁判官の前で意見を述べた。

スーツ姿で出廷した、亡くなった女児の父親は裁判官と検察官に一礼し、存命ならば11歳になっていた女児が家族にとってどんな存在だったかを語った。

女児は祖父母と両親、姉と兄の7人家族。祖父とは覚えかけの将棋をし、高校生の姉からはアクセサリーを借りた。中学生の兄とは一緒におやつを食べた。祖母は孫たちが出かけるのをいつも路地の角を曲がるまで見送っていた——。

「左手の手相が私と同じ。誕生日も1日違いで、誕生日ケーキを挟んで撮った写真は宝物です」「我が家は平凡でどこにでもある家庭でした」

事故で娘は帰らぬ人となった。

「事故後、我々家族は毎日の通勤、通学で駅に向かうときあの道を通ることができません。事故自体を認めたくありません。時間を戻してほしい。あの事故をなくしてほしい。この先どうしたらいいのか。忘れるようにしたらいいのか。忘れないようにしたらいいのか」

法廷で、父親はゆっくりとはっきりと語った。

「事故を起こされた被害者の苦しみや痛みを想像することはあるのか。自分の家族だったらと考えたことはあるのか」

父親は最後にこう述べた。

「家族として何一つ許すことはなく、厳罰を望みます」

女児の母親は体調がすぐれないため、代理人が文書を読み上げた。

「娘が無言の帰宅をしたそのときから灰色の世界になりました。（略）娘が楽しみにしていたことすべてが奪われてしまった。あの事故がなければ、まだまだ楽しいことのあった人生のはずでした」

傍聴席からすすり泣く声が漏れた。

事故で右腕を骨折した同級生の手紙をその母親が代読した。

「私が手術から目が覚めたのと、（女児が）亡くなったのが一緒（の時間）だったと聞かされ、悲しくて悲しくていっぱい泣きました」「おじさんは一瞬で私たちの夢を踏みにじりました。亡くなった18日を大切にしてください。毎日、謝り続けてください。そして私たちのことも忘れないでください」

論告弁論で、検察官は「自己の都合の良いことは積極的に供述している。女児3人の日常を奪った責任は極めて重大だ」と述べて、禁錮4年を求刑した。一方の弁護側は、失神の可能性を改めて訴えて無罪判決を求めた。

17年1月25日、東京地裁は男に禁錮3年の実刑判決を言い渡した。事故前後の男の言動を検討して、「その場の状況に応じた行動を取っており、失神していたこととは整合しない」と判断。検察側の再現実験については、「事故直後から相当速やかに行動していたことがうかがわれ、失神していなかったという判断を裏付けるものだ」とした。

最後に、裁判官は男に語りかけた。「悲惨な結果をもたらしたことは、あなたも十分に承知しているはずです。亡くなった女児の冥福をずっと祈ってください」

（志村英司）

＊追記　被告側が控訴し、東京高裁で審理が続いている。

凶行に駆り立てた欲望の病

2017.2.12

何の落ち度もない高齢の夫婦が白昼、自宅で刺殺された。被告として法廷に立ったのは、「フェティシズム障害」と診断された犯行当時20歳の男。身勝手な性の衝動を動機として述べた男に、検察側は死刑を求めた。裁判所が下した判決は——。

2016年11月29日、岐阜地裁の301号法廷。殺人などの罪に問われた被告の男（22）は鼻筋が通った整った顔立ちだった。裁判長が起訴内容について「間違いはありませんか」と尋ねると「ないです」と認めた。

起訴状によると、被告は14年11月、岐阜県内の民家に侵入。家にいた高齢の夫婦を牛刀（刃渡り約18・3センチ）で複数回にわたって刺し、殺害するなどしたとされる。

冒頭陳述などから事件をたどる。

被告は日本人の父とフィリピン人の母の間に生まれた。9歳のときに両親が離婚。その後は父親に育てられた。中学卒業後は進学や就職はせず、父から1日1000円の小遣いをもらい、趣味のギターを弾いたり、友人とゲームをしたりして過ごした。

卒業から1、2年後、寝ているときに「過呼吸みたいな症状」が出るようになった。「目をつぶっていると眼球がひっくり返るんじゃないか、とか、天井を見ていると棺おけに閉じ込められているイメージが浮かぶ」こともあった。事件の1年前、被告は父親と1度、精神科を受診した。

被告人質問。

被告「常に強い不安がある状態だった」
弁護人「病院で薬は出たか」
被告「出ました」
弁護人「飲んだか」
被告「飲んでません」
弁護人「何で？」

被告「薬漬けになるんじゃないかと不安になった」
弁護人「不安はいつごろまで続いた？」
被告「事件の年まで」

14年3月、20歳だった被告はかつてない強い欲望を感じる体験をした。

被告「電車で女の人の太ももを見て、とても興奮した」

女性の太ももへの執着は以前からあったが、これを境に、太ももを使った性的な行為をしたい、という気持ちが高まったという。

一方、「太ももへの関心がなくなってしまうんじゃないか」「太ももの良さがわからない人と一緒にいると、自分もわからなくなってしまうのでは」という不安も生じたという。

こうした思いが「いらだち」になったのは、同年9月ごろ。被告は仲の良かった友人とも会わなくなり、ギターを自室の床にたたきつけることもあった。

弁護人「誰かに相談は？」

被告「思いつかなかった」
弁護人「どうすれば苦しみから解放されると」
被告「1回でも『太ももプレー』ができたら安心できると思った」
被告はスーパーや街中で何度か中学生に声をかけるが失敗。10月には車で女子中学生をさらうことも計画したが、断念した。
弁護人「躊躇《ちゅうちょ》は？」
被告「いや、なかった」
事件前日の夜、自宅の風呂の中で思いついた。「家に侵入して女の子を待ち伏せしよう」
弁護人「そこに人がいたらどうするつもりだった」
被告「殺そうと思いました」
弁護人「どうやって？」
被告「首を刺して殺そうと思った」

被告は表情を変えなかった。

弁護人「考えが飛躍しているとは思わなかったのか」

被告「いえ」

弁護人は当時の被告の心情を尋ねた。

弁護人「計画を思いついたときはどんな気持ちだったか」

被告「すがすがしい気分でした」

弁護人「なぜ？」

被告「苦しみから解放されると思ったから」

事件当日、被告は自転車で自宅を出た。ホームセンターなどで牛刀と粘着テープを買い、まず以前に街中で見かけてついて行った女の子の家へ向かった。

玄関を開けると、家人が出てきたため諦めた。次の家は鍵がかかっていた。女の子が使うような自転車がある家を見つけたが、玄関が施錠されていた。そして4軒目。

被告「ジャージーが干してあった。女の子が着るような赤い色です」

弁護人「どのようにして決めた」

玄関を開けて中へ。居合わせた高齢の夫婦二人を持参した牛刀で刺殺するなどして逃亡。数時間後に逮捕された。

検察は身勝手な犯行を非難した。

検察官「人を殺すと考えたとき、自分の大切な人と置き換えて考えなかったのか」

被告「なかった」

16年12月1日、被告の精神鑑定をした医師も法廷に立ち、被告について「フェティシズム障害」を患っていたと指摘した。

アメリカの精神医学会が精神病を分類したマニュアルでは、「フェティシズム障害」の診断基準として、①少なくとも6カ月間、生命のない対象物の使用や生殖器以外の身体部位への著しい関心から得られる強烈な性的興奮が空想、性的衝動、または行動に表れる②その空想や性的衝動、または行動が臨床的に意味のある苦痛、または社会的、職業的、または他の重要な領域における機能の障害を引き起こしている――などを挙げている。

鑑定医「被告の場合、中学の友人たちと自分から交友関係を断った。臨床的に精神障害が診断できる」

検察官「精神障害がどのように犯行に影響したか」

鑑定医「犯行の出発点に直接的な影響を与えている。理想の『太ももプレー』を考えたのも一つの例と言える」

検察官「殺人という手段を選んだことには？」

鑑定医「被告はナンパしたり、車でさらおうとしたりと、いろいろ考えてステップを踏んでいる。手段の選択には、精神障害は関係していない」

被告の両親も出廷した。

弁護人「今回の事件についてどういう気持ちか」

被告の父「申し訳ないという気持ちでいっぱいです」
弁護人「事件後、被告と面会はどれくらい」
被告の父「月1回くらい」
弁護人「父親から見て被告は事件を後悔しているか」
被告の父「後悔しているだろうと思います」「こんな残忍な事件を起こしてしまったが、自分の息子であるのは変わりない。ぜひ死刑だけは勘弁して頂きたいです」
弁護人「たとえ死刑でなくても、(被告は)相当長い間、あなたの前に顔を出せない」
被告の父「生きているうちは社会に出られないと思うが、体の自由がきく限りは定期的に面会に来たい」

今は一緒に暮らしていない母親も証言台に立った。

弁護人「失礼ですが、今は新しい家庭が?」
被告の母「はい」
弁護人「一緒に住んでいるとき、被告はどんな子だった」
被告の母「明るくてよくしゃべる子でした」

弁護人「離婚後に被告に会いに来るペースは」
被告の母「年に2回くらいです」
弁護人「今まで、被告が乱暴なことをしたことはなかった」
被告の母「ないです」
弁護人「事件が起きたことを今どう思っている」
被告の母「息子が本当にひどいことをして……。本当にごめんなさい」
弁護人「裁判も毎日来ていた」
被告の母「はい」
弁護人「13年前に離婚したのに、どうして」
被告の母「自分の息子だからです」
弁護人「今、何か悔やんでいることは」
被告の母「息子の話をちゃんと聞いておくべきだった。ひどい母親です」
弁護人「被告の刑罰についてどう思う」
被告の母「死刑だけはしないでください」

裁判員や裁判長からも質問が続いた。

裁判員「事件まで他人の命の重みを感じる出来事は？」
被告「ありません」
裁判員「事件前で一番悲しかったことは？」
被告「……覚えていません」
被告の声は次第に小さくなっていった。
裁判長は言葉を選ぶように、被告に質問をした。
裁判長「人を殺したら申し訳ないと、事件の当時は思えなかった？」
被告「……はい」
被害者家族の代理人弁護士や遺族も法廷に立った。
代理人弁護士「もし両親がいなくなったら、自分なら犯人に命をもって償ってほしいと思わないか」

被告「そうです」
代理人弁護士「命をもって償ってほしいと言われたら、どうするか」
被告「何も言えません」

被告は少し黙ったのちにつぶやいた。
16年12月6日、意見陳述で被害者の長男は震える手で紙を持ち、読み上げた。

長男「家族で幸せに暮らしていた。まだまだ二人とも元気だった。孫たちの花嫁姿を見たかっただろう。夢を断ち切られ、無念だったと思う」「裁判の前、鑑定留置があると聞き、責任能力がないと判断されたらどうしようと不安だった。裁判までの2年間、とても苦しくつらく、苦労した」「裁判中も、被告は本当に反省しているのかと思った。被告の行動は許されるはずがない」

長男は、極刑の判決を強く望む、と述べた。
検察側は論告で精神障害が一定の影響を与えていたと指摘。だが、「生命を尊重しない思考が顕著な被告の個性や気質に基づく」と影響の大きさは否定し、死刑を求刑した。

一方の弁護側は、「大きな苦痛からの解放」を目的に犯行に至ったなどと精神障害の影響の大きさに触れ、若年で前科もないことから情状酌量を求めた。

12月14日、岐阜地裁。裁判長は無期懲役の判決を言い渡した。

判決では「『太ももプレー』をしたいという欲求を満たす目的で、たまたま侵入先に選ばれた住人の命が奪われた。過去の殺人事案と照らしてみても、死刑を選択する余地が十分あり得る」と指摘した。

だが、犯行について「単なる身勝手な欲求であると切り捨てられるものではなく、そのような強い欲求を持つこと自体に障害の影響が認められる」と述べた。裁判長は判決文を読み終えた後、被告にこう伝えた。

裁判長「君には法廷で証言してくれた両親がいる。きっと君のことを思い、命の限り見守ってくれると思う。これから感謝の言葉を口にして、人の思いをかみしめ、人の存在のかけがえのなさを実感してほしい。命の重さについて考え続けてほしい。被害者の遺族に心からの謝罪をしてほしいと思う」

被告は、小さくうなずいた。検察側も弁護側も控訴せず、判決は確定した。

（室田賢）

渋谷の闇で息絶えた赤ちゃん

2017.2.26

数日間、オムツは換えられず、十分な栄養も与えられていなかった——。東京・渋谷のマンションの一室で生後3カ月の女児が死亡していたのが見つかった。首には傷があった。法廷で罪に問われたのは母親ではない当時18歳の少女。赤ちゃんを死なせたのは誰か——。

2017年1月16日、東京地裁の813号法廷で開かれた裁判員裁判の初公判。傷害致死の罪に問われた事件当時18歳の被告（21）は後ろで髪を束ね、黒のパンツスーツ姿だった。裁判長から起訴内容を確認されると「違います。私は女児の首を絞める行為はしていません」と述べ、無罪を訴えた。

起訴内容は、13年11月1日午前2時から6時ごろ、渋谷区内のマンションで生後3カ月の女児の首をひもで絞めるなどの暴行を加え、窒息死させたというもの。検察側の冒頭陳述や判決から経緯をたどる。

13年8月上旬、当時17歳だった被告は長野県から上京。知人の紹介で渋谷区内のマンションの一室で暮らし始めた。この部屋では、女子高生の格好をした女性が客にマッサージなどをする「JKリフレ」が営まれており、被告もここで働くつもりだった。

部屋にはすでに男女二人の住人がおり、一人は被告と同い年の女性だった。数カ月前に高校をやめていたという。3人で暮らし始めて2週間後、生後1カ月の女児を連れた19歳の母親が共同生活に加わった。母親は風俗関係の仕事をしていて外出が多く、被告ら少女二人が「2、3日だけだから」と女児の世話を頼まれた。二人とも育児経験はなかった。

証人尋問。被告と同居し女児の世話をしていた女性が当時の気持ちを述べた。

女性「3日間で終わらず、いつまで面倒をみればいいのかと多少の不満がありました」
弁護人「積極的に面倒をみたい気持ちは」
女性「ありません。自分の子どもではないから」

女児が部屋に来てから「JKリフレ」の営業はできなくなり、女児の母親が生活費を出した。母親は帰宅しなくても時折、オムツや粉ミルクなどが入ったポリ袋を玄関ドアにぶら下げた。

被告らはミルクを哺乳瓶で与え、オムツを換え、入浴もさせていた。

共同生活が始まってから2カ月後の10月4日、同居の男性が逮捕され、部屋で暮らすのは17歳の少女二人と母親だけに。「子どもが子どもを育てる異常な状態」（弁護人）となった。

その後、以前ほど生活費が入らなくなり、被告と同居の女性は小遣いを稼ぐため、女児を置いて外出するようになった。寝ている女児に哺乳瓶をくわえさせ、泣き声が周囲に響かないよううつぶせ寝にした。オムツは臭いが、においがきつくなれば換える程度になった。

被告人質問。

検察官「女児の口をふさいだり、首を絞めたりしたのか」
被告「はい、口と鼻をふさぎました。首は絞めていません」
検察官「なぜやったのか」
被告「ストレスがすごいたまっていたので、そういう行為に至った」

被告と同居女性は、女児を殴ったり、蹴ったりしたほか、ハンカチを口に入れ、水風呂に沈めた。苦しむ表情を写真に撮った。

10月20日ごろには呼吸ができなくなるまで口をふさいだ。被告が人工呼吸と心臓マッサージをして、女児は息を吹き返したという。

弁護人「どう思った」
被告「やり過ぎたと思いました。このまま世話しているとイライラするので、面倒をみるのはやめようと決めました」

10月23日、女児は3カ月健診のため母親と部屋を離れた。体重は4624グラム、身長57・5センチ。発育に問題はなく、女児は29日の夕方、再び二人に預けられた。そのころ、母親と被告との間で「遅くても翌週には託児所に預けられるようになんとかします」「あれ？　明日じゃなかったの？」「預けるお金がない」「そゆことか」というメッセージの履歴が残っている。

11月1日、被告は午前2時ごろ帰宅。女児をうつぶせ寝から仰向けに戻そうとした。

弁護人「まず何に気づいた」
被告「全体的に体がびしょびしょで、持ち上げたときに手がだらーんと」
弁護人「それ以外には」

被告「呼吸を確認しようと思い、口元に少し耳を近づけると空気が漏れるようにファーというような」
弁護人「音がした」
被告「音ではないが、表現が難しい」
弁護人「それ以外には」
被告「手がぬれていて、嗅いだことのないにおいがした」

異変に気づいたが、すぐに119番通報をしなかった。「人間は簡単には死なないから」。そう思ったほかにも、救急車を呼べない理由があった。

弁護人「お金のことは」
被告「私は女児の母親ではないし、病院で金を払えと言われても払えない」

当時、部屋は電気が止められていた。被告は、携帯電話の充電器を買うためコンビニに出かけた。帰宅して、同居女性に「速攻連絡して」とメッセージを送り、電話もかけたが、つながらなかった。そのうちに寝入ってしまったという。

検察官「捜査段階では発見時の様子について黙秘した。きょうはどういう気持ちで話をしているのか」
被告「もちろん、やっていないことを証明するのが一番です」
検察官「捜査段階ではちゃんとしゃべらなかった」
被告「弁護士に話さなくていいと言われた。警察や検察がやっていないことを無理やり話をさせようとする態度はいただけない」

119番通報したのは、11月1日の朝に帰宅した同居女性だった。女児は病院で死亡が確認された。女児の首には赤色の線状の傷があった。

被告と同居女性は10月中旬の女児への暴行容疑で逮捕され、少年院で矯正教育を受けることになった。翌14年8月、被告は女児の殺人容疑で逮捕され、後に傷害致死罪で起訴された。

検察側は、女児の首にあった圧迫痕から、被告が首を絞めて死なせたと訴えた。皮膚科医や法医学者ら4人が法廷で写真や図を使って説明した。

裁判官「首を絞めたという根拠は」

検察側証人の皮膚科医「表面の皮膚が傷ついていない。圧迫された幅が面で構成されている」
裁判官「服の襟が首に当たり続けたとしたら」
皮膚科医「ありえない。衣服がきつめでも、赤ちゃんは動くので起きえない」

一方の弁護側は、被告は10月29日以後、ミルクをあげるなどの世話を一切せず、女児は衰弱していたと主張した。女児は亡くなる1週間前の健診時に比べ、死亡時には体重が約300グラムも減少していた。

弁護側証人の法医学者の尋問。

裁判官「写真を見ると、赤くなっていて、それなりに傷があるように思うが、救急搬送時に着衣ですれたとも考えられるか」
法医学者「脱がし方によってはあるのでは。皮膚がふやけていればありうる」

論告で検察側は、死亡推定時刻に部屋にいたのは被告だけだったことなどを理由に、被告が首を絞めたとあらためて主張。「女児を虐待、放置したなかで行われた犯行で、被告は反省に乏しい」と懲役7年を求刑した。

弁護側は、被告と同居女性が10月に虐待した反省から、もう世話をしないと決めて死亡当日までミルクを一切与えなかったと主張。衰弱死の可能性があり、被告は無罪だと訴えた。

被告は最後に、用意したノートを読み上げた。

「当時の私たちは、放置も暴行も、私たちに乳児を預けっぱなしにした母親が悪いと思っていて、罪に向き合えていませんでした」「今振り返ると、社会の裏に近づきすぎたと思います。疑われることがないよう、同じことを繰り返さないことが女児への贖罪《しょくざい》だと思います」

女児の母親は出廷しなかった。

17年2月13日の判決。裁判長は、ペットボトルの水を2度、口に含んでから開廷を告げた。

「主文、被告人は無罪」

判決は、法廷で証言した医師らの見解を整理してから、争点である女児の首の傷について判断した。「検察官の主張には合理的な疑いを差し挟む余地が残るから、首の圧迫による窒息死とは認められない」

その根拠にしたのは写真だった。皮膚科医も、法医学者も、解剖時の写真で判断しており、遺体は直接見ていなかった。裁判長は、写真はピントや照明の当たり方によって見え方が異なるため、「写真に基づく判断の信頼性にはおのずから限界がある」と指摘した。

裁判長は「要するに」と言って顔を上げた。「それぞれの立場の医師が合理的に説明しており、専門的知識を持っていない我々には判断できないということです」

その上で、弁護側が言う衰弱死の可能性を検討。死亡数日前からほとんどミルクを与えられていなかった事情などを踏まえ、「低栄養と脱水で身体機能が低下し、うつぶせ寝で鼻と口がふさがって死亡した可能性をぬぐえない」とした。

1時間近く判決を読み上げた裁判長は被告に語りかけた。「大変難しい裁判でしたが、裁判員のみなさんも辛抱強く証拠調べに立ち会ってくれた。長時間真剣に議論して無罪という、この結論を重く受け止めてほしい」

被告は証言台の前で深く一礼した。

（志村英司）

＊追記　検察側は控訴せず、無罪判決が確定した。

女性に貢ぎ自宅には3億円

2017.3.29

不倫相手の女性にマンションを買い与え、自宅には現金3億円を秘匿。気づけば勤務先の銀行から着服した金は約11億円にのぼっていた――。勤続37年、メガバンクの副支店長だった男（55）の金銭感覚はなぜおかしくなったのか――。

2016年12月22日、東京地裁の810号法廷。黒のスーツに短髪の被告が、刑務官に伴われて法廷に入ってきた。被告は半年前までメガバンクの副支店長を務めていた。傍聴席には銀行関係者も姿を見せ、被告は神妙な顔で頭を下げた。裁判長から起訴内容について尋ねられると、「間違いありません」と答えた。

被告は11～16年、支店にあるオンライン端末機を96回にわたって不正に操作し、約9億6700万円をだまし取ったとして電子計算機使用詐欺の罪で起訴された。銀行の内部調査によると、ほかに約1億円が時効となっており、だまし取った総額は約11億円にのぼるという。

冒頭陳述などから事件の経緯をたどる。

被告は鹿児島県生まれ。生家の家計は苦しかったという。被告人質問。

弁護人「実家の経済状態は」
被告「あすのご飯を食べるのにも汲々《きゅうきゅう》としていた」
弁護人「どのような子どもだったのか」
被告「母親には迷惑をかけてはいけないと思い、おねだりをしませんでした」
弁護人「高校は？」
被告「奨学金とアルバイトです。普通に生活する同級生がうらやましかったです」

1980年に地元の高校を卒業し、都市銀行に就職した。その後、銀行は合併を重ね、メガバンクに。被告は主に関東地方の支店に勤め、支店の課長、部長、副支店長と昇進。プライベートでは、結婚し、子どももできた。

弁護人「東京に来て、ほかの人の生活はどう映ったか」

被告「うらやましいと思いました。劣等感と嫉妬です」
弁護人「支店での生活は」
被告「部下におごったり、ごちそうしたりしていました」
弁護人「飲み会は？」
被告「毎日です」

被告は金があるように振る舞った理由について、「見栄です」と答えた。

弁護人「おごっていくうちにどうなった」
被告「収入では返済できない借金ができました」

重ねた借金は千数百万円まで膨らんだ。07年8月、支店のサービス課長だったころ、支店長からある仕事を頼まれた。「外貨預金の金額に相違がある口座があるので調べてくれ」

被告は、支店の端末機を使った。預金取引の管理などに使われるもので、立場上、あらゆる操作ができる権限が与えられていた。外貨取引のレートを「1米ドル＝10円」などと異常な円高に設定して売買することもできた。

すぐにピンと来た。端末機は、実際の為替相場に関係なく、必ず利益が出る「打ち出の小づち」ではないか。行内規定に反して、架空の建設会社名義で口座を開設。普通預金と外貨預金の口座の間で不正な外貨取引をした。

まず、100万円前後の元手で「8000ドル」の米ドルを購入し、端末機でその取引を取り消す。取引を復活させ、「1米ドル=10円」などにすれば米ドルの換算額は「9万8000ドル」に増加。そして米ドルを売却する——。実際のレートが1米ドル=123円なら、この操作で約1100万円の利益となる。損害をかぶるのは銀行だ。

検察官「どういう気持ちで架空口座の開設申込書に記入したのか」
被告「やってはいけないと思いながら、ばれないだろうと手続きをしました」
検察官「銀行員は人様の金を預かる仕事。弁護人からの質問に『体を張った顧客対応が評価を得ていた』と答えていたが、どういうものか」
被告「客の話を聞き、正確な事務手続きをして、その希望に沿った対応をすることです」
検察官「その気持ちと、不正な操作をすることが、なぜ両立できるのか」
被告「不正が発覚することはないという気持ちが強かったです」
検察官「不正をするタイミングは?」

被告「何となくであります」
検察官「時間帯はいつか」
被告「職員が少なく、自分が見られていないことは考えていました」
検察官「銀行にばれる、ばれないに関係なく、客を裏切る感覚はあったのか」
被告「やるときは常にありました」

続いて裁判長が質問。

裁判長「見栄で始めて、借金を返済し、後輩にごちそうできる状態にまで金もたまった。それでもなぜ続けたのか」
被告「銀行にばれないと思ったからであります」
裁判長「発覚しないから？」
被告「はい。続けてしまいました」

翌年、支店から異動し、端末機に触れる機会がなくなったが、飲食代や遊興費、子どもの教育費などの支出は増え続けた。借金は再び約８００万円に。狂った歯車は止まらなかった。

3年後の11年に別の支店に移り、再び犯行に及んだ。不正に得た総額は4年間で約7億7000万円。月1、2回のペースで端末機を操作し、2日連続で計2000万円を着服した月もあった。

15年に異動した支店でも変わらなかった。半年ほどしてサービス部長から上席副支店長に昇格したが、1週間後には端末機の前に座っていた。ここでは約1年間で2億円近い金額を不正に入手した。

弁護人「使い道は?」

被告「車やゴルフの会員権の購入、部下との懇親であります。妻ではない女性にも使いました。1億1000万円です」

この女性にはマンションやテレビなどの電化製品も買い与えたという。

被告「人としてやってはいけないことをしました。金銭感覚が完全に麻痺しておりました」

弁護人「どういう金ではないから麻痺したと」

被告「汗水たらした金ではない、銀行の金だからです」

16年6月、税務当局の調査で不正が明らかになった。被告は不正がばれたと聞いて一時行方をくらましたが、翌日には観念して本店に出向いた。「入行以来のすべての話をしようと思った」。自宅に現金約3億円、銀行の口座には約2億円が残っていた。いずれも犯行で得たものだ。

被告は翌7月に懲戒解雇、10月に逮捕された。事件前から別居していた妻とは正式に離婚。自宅を売却した5000万円などを含めて計約5億5000万円を銀行側に弁済した。

被告が法廷で涙ぐんだのは、仕事について聞かれた場面だった。

被告「お客様の笑顔を見るのが大好きでした」
弁護人「逮捕され、裁判を受けている気持ちは」
被告「すっきりしています。すべてのことをお話ししたからです」
弁護人「事件の発端となった見栄は？」
被告「きれいさっぱりなくなりました」
弁護人「また社会に戻ったらどうするのか」

被告「一から一生懸命に頑張りたいです。汗水たらして稼いでいきます」

検察側は「社会に広く知られたメガバンクの信用を傷つけかねない犯行だ」として懲役10年を求刑。弁護側は、「幼少期から苦労して生きてきた被告の初めての犯罪」であり、銀行に与えた損害額の半分は返済したことも量刑上は考慮すべきだと訴えた。

被告は、最後に裁判長に意見を述べた。「支店の支店長、職員には顧客対応で多大なご負担をおかけした。本当に申し訳ありませんでした」

17年3月9日の判決。裁判長は懲役8年の実刑を言い渡した。「勤務で得た知識や経験と、役職上与えられた権限とを悪用した、巧妙で狡猾《こうかつ》な犯行」「刑事責任は誠に重く、その責任に見合った相当期間の実刑は免れない」。借金の返済や妻以外の交際相手らとの遊興費のためという動機にくむべき点はない、と非難した。

裁判長が閉廷を告げると、被告は軽く一礼。傍聴席に目をやることなく退廷した。

同月24日、判決が確定した。

（志村英司）

娘の事故死現場近くで父も……

2017.5.13

幼い娘を交通事故で亡くした父親が34年後、その現場近くで、車にはねられ命を落とした。子どもが犠牲になる事故をなくそうと、登校する小学生の見守り活動をしている最中だった。事故を起こした被告の男（62）が運転を誤った理由とは――。

２０１７年3月30日、松江地裁益田支部で開かれた初公判。被告の男は、グレーのスウェットと紺のズボンで法廷に現れ、「間違ってはないと思います」と罪を認めた。

起訴状によると、被告は島根県益田市で1月30日、酒を飲んで軽トラックを運転し、横断歩道を渡っていた小学3年生の男児（当時9）と見守り活動をしていた男性（当時73）をはねて道路交通法違反（酒気帯び運転）と自動車運転死傷処罰法違反（過失運転致死傷）の罪に問われた。男児はけがをし、男性は翌日に急性硬膜下血腫で亡くなった。

冒頭陳述や取材をもとに事件の経緯をたどる。

事故にあった男性の次女は1983年、今回の事故現場の近くでトラックにはねられて亡くなった。小学2年生だった。男性は娘の事故について口にすることはなかったが、孫が小学生になった15年前から登校に付き添い始めた。その後も地元の子ども見守り隊の一員としてほぼ毎日通学路に立ち、子どもたちからは「おっちゃん」と慕われていた。信号機の設置などを行政に要望したこともあった。事故にあった1月30日の朝も、いつもと同じ黄色いジャンパーと赤い帽子を身につけて家を出たという。

男性は地元出身で、地域の伝統芸能「石見《いわみ》神楽」の演奏や指導に50年以上取り組んでおり、地域ではよく知られた存在だった。

一方、被告は事故前日の夕方から当日午前2時ごろまで、自宅で焼酎の水割りを飲んでいた。午前6時半過ぎ、息が酒臭いと自覚しながら、出勤のため軽トラックのハンドルを握った。

証拠調べで、検察官が男性の妻の供述を読み上げた。

「娘のみならず、夫まで事故で失い本当に悔しいです。笑顔の絶えない家族から、安心できる存在を永遠に失ってしまいました」「悪質な飲酒運転で、何の落ち度もない夫をひき殺した相手を許すことはできません。法律を守らない悪質なドライバーを増やさないためにも、相手に真に反省してもらうためにも、厳重な処罰を望みます」

被告は身動きせず、前を向いて聞いた。
被告人質問は初公判と同じ日に行われた。

弁護人「飲酒運転だった」
被告「だったかもしれません」
弁護人「事故の前日はいつから飲み始めたのか」
被告「日曜日でしたし、4時半ごろからちょこちょこ飲んだと思います」
弁護人「どれくらい飲んだか覚えているか」
被告「5時か6時半ごろまでに4、5杯飲みました。水と焼酎を7対3で」
弁護人「飲み終わったのは」
被告「よく覚えていないですが、9時半ごろだったと思います」
弁護人「そのまま朝まで寝たのか」
被告「途中で目が覚めて、どうも寝られないので、また2杯は飲んだと思います」
弁護人「それで寝たのは」

被告「10時半ごろだったかもしれません」
弁護人「それ以降は」
被告「また目が覚めて」
弁護人「最後に酒を飲んで、寝たのは」
被告「2時ごろだったと思います」

被告は木を伐採する地元の会社に30年以上勤務していた。事故があった日は伐採現場が新しい場所に変わることになっていて、その現場に向かう途中だった。

弁護人「酒はよく飲むのか」
被告「仕事から帰ったらだいたい飲みます」
弁護人「遅くまで飲むことは多いのか」
被告「ありません。日曜日の前には飲むこともありますけど」
弁護人「どうしてこの日は深夜まで飲んだのか」
被告「翌日は新しい現場で、行ったこともない場所で不安があった。ちょっとでもゆとりを持ちたいという気持ちがありました」

弁護人「次の日に早く仕事に行くとわかっていたのか」
被告「はい」
弁護人「どうして飲み続けた」
被告「少しでも寝ておかないと、という意識があったんだと思います」

被告は当日午前5時半ごろに起床。取り調べでは、歯を磨いたときや入浴時に自分の口から酒のにおいがしたと話していたという。

弁護人「朝起きて、アルコールが残っていると感じたか」
被告「感じませんでした」
弁護人「アルコールを抜くために風呂に入ったのでは」
被告「そういうわけではありません」
弁護人「飲酒運転にならないか心配は」
被告「少しは思いました」
弁護人「仕事を休むとか、遅れて行くとかは考えなかったのか」
被告「今思えばそうしていたらと後悔していますけど、その日使う道具がすべて軽トラの荷台に載っていたので、休むわけにはいかない状態でした」

被告の自宅から事故現場までは約50分。被告は法定速度を守り、普段よりもゆっくり運転した。途中、後続車2台を先に行かせ、車を道路脇に止めて休憩を取った。

弁護人「眠気は感じたか」
被告「ほとんど感じておりませんでした」
弁護人「遅く走ったのはどうして」
被告「時間に余裕があると思って、慌てずにゆっくり行きました」
弁護人「途中で休憩したのは」
被告「後ろから別の車に追っかけられたので、先に行かせて、そのまま止まりました」

事故現場はゆるいカーブの先にある信号機のない交差点。警察の実況見分によると、被告が歩行者に気づいて急ブレーキを踏んだのは約20メートル手前まで迫ってからだった。

弁護人「どうして発見が遅れたのか」

被告「暗くて雨も激しかったし、対向車のライトが特に激しく見えて発見が遅れました」
弁護人「酒を飲んでいたことで気づくのが遅れたのでは」

被告は黙り込んだ。

弁護人「歩行者に気づくのが遅れたのは酒の影響だと思うか」
被告「それもあったかもしれませんけど、ものすごいまぶしくて目を取られました」
弁護人「暗くて雨が降っていたことが一番の原因だと」
被告「とにかくまぶしかったです」

被告は事故で駆けつけた警察官によって飲酒検知を受けた。顔色に異常はなかったが、目が充血しており、息からは呼気1リットル当たり0・3ミリグラムと基準の2倍のアルコールが検知された。

弁護人「現場で酒気帯びの結果が出てどう思った」
被告「雨にぬれて寒かったし、アルコールが体に残っているとは思いませんでした」

弁護人「翌日、男性が亡くなったと聞いたときは」

被告「大変なことをした、なんとわびていいのかと思いました。被害者の方が何十年と子どもを見守る活動を一生懸命されていたことを聞いて、すごいひどいことをしたんだと思いました。私なんかはこの世の中には必要ではないと考えておりました」

事故後、被告は会社に促され、辞表を出した。

酒を断つことを約束できるかと弁護人に問われると被告は少し沈黙し、「できます」と答えた。

検察官は被告が常習的に飲酒運転をしていたと主張した。

検察官「酒を飲んで運転することは前にもあったんじゃないの」

被告「ありません」

検察官「職場で仲間から酒臭いねって言われたことがあったんじゃないか」

被告「1、2回はあったかもしれません」

検察官「地元で30年以上仕事をしてきて、事故現場で横断歩道を渡っている人に出くわしたことは」

被告「ありません」
検察官「横断歩道で、黄色い服を着た見守りの人を見たことは」
被告「朝は見たことがありません」
検察官「対向車の前照灯を浴びて、事故を起こす結果になったことがこれまでにあったか」
被告「ありません」

論告で、検察官は、被告が二日酔いを認識しており、常習性をうかがわせると指摘。「社会から飲酒運転を根絶するためにも厳罰が必要」として懲役4年を求刑した。弁護側は、現場の視界が悪かったと主張。「運転は正常で飲酒運転が与えた影響は少ない」として情状酌量を求めた。

最後に意見を求められた被告は、「亡くなられた方にも生活があり、取り返しのつかないことをしました。私があんなことをしたばっかりに、ご家族の皆様も悲しみに遭われた。わびの言葉を言いたいけど言葉がわかりません」と話した。

続けて傍聴席を振り返り、「本当にすみませんでした」と3度繰り返して頭を下げた。

4月18日、松江地裁益田支部は被告に懲役2年10カ月の実刑判決を言い渡した。裁判官は、被告が酒気帯び状態であることを認識しながら「大丈夫だ」などと安易に考えて運転した、と非難。「謝罪の言葉を述べ、反省の態度を示しているものの、後悔や自責の念にとらわれ、いまだその深まりは十分とは言えない」と述べた。

被告は控訴せず、判決が確定した。面会で弁護人に「もう決まったことだから」と話したという。

（富岡万葉）

LINEに残った虐待の記録

2017.7.4

3歳の女児は真冬の1月、浴室に全裸で冷水をかけられて放置され、息絶えた。体重は10キロに満たず、顔にはやけどを負っていた。虐待をしていたとして保護責任者遺棄致死罪などに問われ、法廷に立ったのは、母親の女（24）と交際相手の男（26）だった——。

2017年5〜6月、さいたま地裁で二人の裁判員裁判があった。いずれも15年9月ごろから、埼玉県狭山市の自宅で女児に虐待を繰り返し、異常な症状があった女児に医師の診察を受けさせず、16年1月8日夜に冷水をかけて浴室で放置。翌日、敗血症で死なせた、などとして起訴された。

裁判は別々に行われ、先に男が法廷に立った。冒頭陳述などから事件の経緯をたどる。

口に布巾を突っ込みテープで固定する「口」。ネクタイで両手を後ろに縛る「手」。首に南京錠つきの鎖を巻き付け、押し入れの金具に固定する「首」。冷水を体にかける「水」。
二人は、虐待に手口ごとに呼び名をつけていた。
法廷で読み上げられた、当時の二人のＬＩＮＥでのやりとりはこんな具合だ。

女「(女児が)ぐずぐずしだした」
男「帰ったら口だな」
女「最近ほんと反応しない」
男「ほっとくか、水だな」
女「ずっと口開けっ放しだからまぢ臭いよ」
男「元から臭え」「帰ったらまた水だな」

ほかにも「よだれ垂れまくって汚いから風呂場に放置」「顔マジやばい、変形してる」といったやりとりや写真などのＬＩＮＥの記録が法廷で示された。女児が顔にやけどを負った写真も映し出された。
男の公判で、女児の母は証人として尋問された。

検察官「最初の虐待は何か」
女「『手』で、(15年)9月ごろです。言葉で言っても(女児は)言うことを聞いてくれない。怒っているとき、彼がしたことが始まりでした」
検察官「言うことを聞かないとは」
女「大声で泣いたり、勝手にものを食べたり」
検察官「『手』を実行していたのは」
女「彼です」
検察官「『口』をやっていたのは」
女「彼です」
検察官「『口』のきっかけは」
女「(女児が)言うことを聞かないとき、彼がやったことです」
検察官「『首』のいきさつは」
女「寝る前に冗談で、女児を犬みたいにつなげとこうと言って始めた」
検察官「押し入れに金具を取り付けたのは」
女「彼です」
検察官「『首』の回数は」

女「彼の方が多かった」

男が虐待を主導したとする女に対し、被告人質問で男が反論した。

被告「女に『縛って』と言われて、初めて縛った。（女は）うまくできないようで『代わりにやって』と言われた」

弁護人「『手』はどうして始めた」

被告「何回か言ったが『親じゃないんだから口出すな』と言われた。一緒にいる時間が短いんだからと言われ、何も言えなくなってしまった」

弁護人「『やめよう』と言わなかった？」

被告「女に、突っ込んで静かにさせてと言われた。女は『女児に触りたくない』『唾液《だえき》が付くのは汚い』と自分に頼んできた」

弁護人「『口』のきっかけは」

被告「9月ごろ、女から『これから減らす』と言われた。（女児と）一緒にたばこを買いに行ったとき、おかしやガムを食べさせてあげました」

弁護人「食事の制限のきっかけは」

男は保護責任者遺棄致死罪と「口」などによる暴行罪、「首」による逮捕罪に加え、顔にやけどを負わせたとの内容の傷害罪でも起訴されたが、傷害罪だけは「女がやりました」として無罪を主張した。逮捕直後には傷害の起訴内容を認めていたが「女をかばうためだった」と否認に転じた。

謝罪の言葉も口にした。

被告「もっと女児のことを考えてあげたら。何をしても女児は帰ってこない。申し訳ない」

5月25日、男は「虐待の大部分を実行し、少なくとも途中からは虐待に積極的に関与した」として、懲役12年6カ月（求刑懲役13年）の判決を言い渡された。傷害罪は無罪とされ、判決は確定した。

女児の母親の裁判は5月29日に始まった。女はあらためて、交際相手の男が虐待を主導したと主張した。保護責任者遺棄致死罪については「何で亡くなったのかわからない」と争う姿勢を示した。

男の証人尋問。

検察官「『水』はいつから始めた」
男「(15年) 12月ごろから。言うことを聞かないとき、『手』や『口』の代わりにやっていた」
検察官「きっかけは」
男「怒られた女児が『パパに水をかけてもらえ』と(女に)言われたのがきっかけです」
検察官「実際にやっていたのは」
男「自分と女で5対5くらい」
検察官「1月9日未明に亡くなったこと。前日夜に風呂に入れたのは」
男「女児を洗ったのは自分です。女児がぐずり始め、女に『水』と言われて水をかけた。『放っておいてよい』と言われたので、放ってリビングに出ました。その後何回か様子を見に行ったけど、(女児を) 勝手に出して女に文句を言われたくなかった」
裁判官「虐待をしているとき、どんな気持ちだった」
男「何で俺がやらないといけないんだ。自分でやればいいじゃんと思ってました」

裁判官「かわいそう、ではなく」
男「最初はかわいそうと。何度も言われるうちに、何で俺がとの気持ちになりました」

女の被告人質問。

弁護人「女児はどのような性格だった」
被告「よく食べ、よく寝てマイペース。優しく気遣いのできる子だった」
弁護人「どんなところが好き」
被告「作ったご飯をおいしいと食べてくれたり、ママ大好きと言ってくれたり、優しいところ」
弁護人「(男との子どもの) 妊娠がわかり、男との関係は」
被告「嫉妬や束縛が激しくなった」
弁護人「彼はどういうときに不機嫌になる」
被告「自分の思い通りにならないことがあると不機嫌になる。友達や家族と連絡を取ったり、外に出ることを嫌がった。(私の) 携帯を見て、連絡先やブックマークを消されたりした」
弁護人「虐待について、どう思っていた」

被告「かわいそうだなと思った」
弁護人「止めようとしたか」
被告「止めませんでした。彼と離れたら、行く場所がないと思ったからです」
弁護人「1月8日夜。何があった」
被告「風呂場から彼の怒鳴り声があり、彼だけが風呂場から出てきた。『女児は？』と聞くと『言うこと聞かないから風呂』と言われた。様子を見に行き、『パパに体拭いてと言いな』と言い、女児が『パパ体拭いて』と言うと、彼は『聞こえない』と言いました」
弁護人「出さなかったのはなぜ」
被告「勝手に出して、彼が不機嫌になると困ると思ったからです」
検察官「あなたと男は立場が違いますよね」
被告「私は母親」
検察官「どうしてこんなことになったの」
被告「全部が不安で、彼と離れたらどうなるかわからないと思い込んでいて、彼とケンカしないよう、別れないよう、嫌われないようにしようと思っていました」
検察官「反省文で『女児を助けられなかった』と。何から？」

被告「虐待をしていること。彼から」
検察官「あなたも虐待を頼んだことがある」
被告「はい」
検察官「男だけが悪いと思ってない？」
被告「思ってません」

最終意見陳述で女は「女児につらい思いをさせた」と謝罪した。

6月15日の女の判決。供述や反省文について「男の責任ばかりを強調する態度」「罪に正面から向き合えているとは到底認めがたい」と批判し、「実母として最も被害者を保護すべき立場。果たした役割は男よりもやや大きい」として、男よりも重い、求刑通りの懲役13年が言い渡され、判決は確定した。

女の判決後、裁判員が取材に応じた。

30代女性は「女児がかわいそう。もっとおしゃれして、友達をいっぱいつくって、彼氏をつくって、そういう人生が待っていたのに、親の手で奪われてしまった。あってはならないことです」。40代男性はこう言った。「親そのものが命の尊さをわかっていないように思った」


（小笠原一樹）

2017.7.20

5000万円結婚詐欺、私の10年を返して

お見合いサイトで「医師資格を持つ元厚労省技官」と称する男と出会った女性は、結婚して幸せな家庭を築けると信じて、金を貸し続けた。気づけば総額5000万円超。だが、男は実は結婚離婚を繰り返し、ほかにも複数の女性から金をだまし取っていた結婚詐欺師だった――。

2017年5月19日、名古屋地裁の903号法廷。住居不定、無職の被告の男（39）は眼鏡をかけ、上下黒色の服で判決に臨んだ。中肉中背の外見からは、女性に「モテる」ようには見えない。

起訴状によると、被告は15年5月～16年3月、「防衛省と機械を開発中で米軍に売却するための渡航費が必要だ」などと嘘をつき、交際女性から現金計約850万円をだまし取ったとされる。

検察側の冒頭陳述や取材から、事件をたどる。

被告と被害女性は07年5月ごろ、お見合いサイトで出会った。被告は女性に対し、過去に医師免許を取得し「厚生労働省厚生医務技官」として働いたことがあるなどと、経歴や職業を詐称。交際を始めてからも「大学の医学部に進学することになった」などと嘘を重ねた。

実際、被告は実在する学会の会員で、周囲に「研究所所属の医師」と信じ込ませ、大学教授らと交際していた。女性からだまし取った金で大学教授らと飲食をともにし、一緒に撮った写真などを女性に見せて、信用させていた。女性の両親に会いに行ったこともあったという。

弁護側の被告人質問。

弁護人「最初に女性からお金を借りたのはいつ」
被告「はっきり覚えていない。お世話になっている方々と付き合うため。皆さん、社会的に成功している人ばかり。私みたいな人間が一緒にいるのは恥ずかしいと思うようになり、お金を借りるようになった」
弁護人「女性からお金を何回ぐらい借りた」
被告「覚えていない」
弁護人「金額は」

被告「5000万円ぐらいだと思う」
裁判官「いつぐらいから仕事をしていなかった」
被告「28歳ぐらい」
裁判官「ひと月にどれぐらい必要だったのか」
被告「学会があるときと、そうでないときと違いはあるが、大体20万~30万円あれば大丈夫」

裁判官が、ほかにも交際した女性がいたかと尋ねると、被告は「4人ぐらいいた」と答えた。捜査関係者によると、ほかにも被害者が確認できたが、精神的負担などから捜査できなかったという。

弁護人「飲み食いは楽しかったか」
被告「この年になって、嘘でも皆さんと仲良くさせて頂いて、『生きる価値を見つけたな』と思った」
弁護人「途中でやめようと思わなかったのか」

被告「何度も思った。周りの方がいつも誘ってくれて、甘えてしまった」
弁護人「他人のお金を交際費に使って、随分といい思いができた」
被告「正直、本当の実力じゃないので、心から楽しいと思ったことはない。自宅に帰って『何をやっているんだろう』という気持ちになった」

女性の陳述書面によると、被告にだまし取られた5000万円超の金を工面するため、女性は生活を切り詰め、借金もした。事件発覚後、交際中に被告が別の女性と結婚や離婚をしていたことを知り、「人を信じることができなくなっている」。30代のほとんどを被告との交際に費やしたと言い、「10年を返してください、と言いたい。子ども、家庭を持ちたいという夢を打ち砕かれた」と訴えた。

女性からだまし取った多額の金について、男は社会復帰後、月々4万円の被害弁償をしたいという意向を法廷で明らかにした。

検察官「完済までに何年かかる」
被告「60年」
検察官「月々6万円なら」

被告「30年」

検察官「月々4万円なら、完済するころにはあなたは99歳。現実味がない。月々6万円は難しいという判断か」

被告「社会に出てこれぐらい稼ぐのは大変そう」

裁判官「女性に対するあなたの気持ちがいま一つ伝わってこない。3万、4万円を返せる当てはない」

被告「はい。どのように生活していくかは社会に出て、友人に」

裁判官「いつまで人に頼っているんだ、という話。女性はあなたと結婚できると思って関係を続けている、と重々わかっていたでしょう」

なぜ、被告は大学教授らとの付き合いに固執したのか。

弁護人「女性に対しての思いは」

被告「取り返しのつかないことをやってしまった。小さいときから父に厳しく育てられた。父親のせっかんが原因。嘘をついて世の中を渡っていかないといけないと考えるようになった。承認欲求。認めてもらいたかった」
弁護人「嘘はまずいと思わなかったのか」
被告「認識はしていた。でも、正直に言い出せなかった。私が24歳のときに父親が自殺した。その後、親類から『父親が亡くなったのはお前のせいだ』と責められた」
弁護人「他人に被害を与える嘘はどうなのか」
被告「いけないとは思っていたが、自尊心を保つために嘘をついていた」

裁判官「彼ら（大学教授ら）には何て嘘をついていたのか」
被告「もう自分では覚えていないぐらいさまざまな嘘をついた。父親のことが背中についているような感じがして」
裁判官「世の中で生きている人は何かしらそういう困難を抱えている。あなただけじゃないと思う。結局、あなたの努力が足りないだけじゃないのか」
被告「その通りだと思う。他者に依存していた。他人に寄り添い、寄りかかってきた人生だった」

検察側は論告で、被告が女性から金を詐取するために大学教授らにも職業などを詐称したこなどから、「卑劣かつ巧妙な犯行」と指摘。「被告に自戒と猛省を促すため、徹底的な矯正教育を施す必要がある」と述べ、懲役3年6カ月を求刑した。

一方の弁護側は、背景には厳しい父親に対して被告が意見できなかった過去があった、と指摘。「現実逃避から自分を守るようになった。くむべき事情がある」として、執行猶予付き判決を求めた。

名古屋地裁は5月19日、被告に懲役3年の実刑判決を言い渡した。

裁判官は、被告に信頼を寄せる女性の心情につけ込み、言葉巧みに支援を求めた「常習的で誠に狡猾な犯行」として、「女性の気持ちを一顧だにしない、身勝手な動機には酌量の余地は全くない」と断罪した。

判決を言い渡した後、裁判官は被告を見つめて「女性に何ができるのか考えて、これを契機に今までのような嘘で固めるようなことは全部捨てて、本当の自分自身で勝負してください」と説諭した。

被告は裁判官の言葉に「友人のご指導を受けて、まっとうな道を進んでいきたい」と誓った。

被告は控訴せず、判決は確定した。

（仲程雄平）

記者の目③　「納得できないこと」に向き合う

2017年3月、飲酒運転が起こした死亡事故の公判を取材した。この事故が注目を浴び、大きく取り上げられたのは、亡くなった男性の次女が34年前に同じように交通事故で幼い命を落としていたからだ（「娘の事故死現場近くで父も……」）。

飲酒運転による交通事故は日常的に起きている。警察庁のまとめでは、2016年に3757件発生した。うち死亡事故は213件で6年ぶりに増えた。その多くは発生時にこそ報道されるが、公判になると、大きな事故でない限りはほとんど取材されないまま終わっていくことも少なくないように思う。私は3年間、地方で事件・事故と司法の取材をしたが、それまでに飲酒運転の公判を傍聴したことはなかった。機会はあっても関心を寄せてこなかったのだろう。

そんな私も、男性の事故を知ったとき、普通に暮らしている人がどうしてそんな目に遭わなければいけないのかと怒りを感じた。飲酒運転の危険性がこれだけ叫ばれている世の中で、なぜ酒を飲んで運転したのか、その結果人を死なせてしまったことをどう思っているのか。被告の言葉を直接聞きたいと思い、法廷に足を運んだ。

傍聴席から見た被告は普通だった。新しい仕事の現場に不安を感じ、早く寝つくためにアルコールに頼ったという。朝、飲酒運転になるかもと心配しながら、仕事に行くためだから仕方ないとハンドルを握ったという。働いている人なら一度はそんな状況に直面することがあるかもしれない。悲惨な事故を引き起こした男の事情はありふれていて、淡々と話される事故の背景には、「私なら絶対にそんなことはしない」と言い切れない怖さがあった。

一方で、納得できないこともあった。被告は「取り返しのつかないことをした」と事故を起こしたことを悔やむ言葉を口にしながら、歩行者の発見が遅れたのは対向車のライトがまぶしかったからだとして、飲酒の影響は最後まで認めなかった。

被告が法廷で語った当時の状況がすべて事実なのかわからない。どうであれ、少なくとも私には、被告が自分の起こした事故に向き合おうとせず、後悔や反省を口先だけで取り繕っているようにすら思えた。被告の言葉と傍聴席で覚えた違和感。法廷内で明らかになったことを最小限にまとめる新聞の小さな記事では、伝えたいことを十分に書ききれないような気がして歯がゆかった。

「きょうも傍聴席にいます。」で取り上げたことで、この事故はインターネット上で全国の人の目に触れた。SNS上の反応の一つに、「絶対に飲んだら乗らない、誓いを新たにした」という投稿があった。起きてしまった事故の悲惨さや、特別ではない被告の姿を最後まで丁寧に伝えることも、読む人に事故を防ごうと意識してもらうきっかけになるのかもしれない。そういう報道を続けていきたい。

（富岡万葉）

記者の目④

事件の「闇」に迫るのは誰のためか

法廷に通い詰めても、事件の真相がますます遠のく――。そんな錯覚に陥る事件がある。「渋谷の闇で息絶えた赤ちゃん」で紹介した事件もその一つだ。被告は、事件当時18歳の少女。長野の実家を飛び出し、渋谷のマンションに転がり込んだ。そこは女子高生の格好をして接客する「ＪＫリフレ」の店舗も兼ねていた。しばらくして、風俗業で働いているという19歳の女性が訪ねてきた。腕には生後１カ月の女児。「ほんの２、３日だけだから」。被告はそういう約束で女児を預かった。

２カ月近く世話をし、ある日、被告がストレスのはけ口として女児に乱暴し、人工呼吸で蘇生する事件を起こした。被告も法廷で認めた。検察側は、暴行を日常的に繰り返すなかで、今度は女児の首をひもで絞め、窒息死させたと主張。弁護側は、暴行を反省し、もう世話をしないと決めてミルクを与えなかったため、衰弱死の可能性があると反論した。双方が証人として請求した法医学者も真っ向から対立する意見を述べた。

不可解だったのは、女児の母親が証人に立たなかったことだ。事件に関する調書の読み上げもない。検察関係者は「本来なら証人として出てもらいたかったが……」と口が重かった。渋谷に来た経緯、公的な保護になぜ頼れなかったのかなど、疑問だけが残った。判決は「専門家の見解が対立するなかで、判断は下せない」と指摘し、被告を無罪とした。死因は特定しなかった。

被告が法廷で発した「社会の裏に近づきすぎた」という言葉が印象に残る。未成年だった被告も、女児の母親も、周りには夜の世界に引き込む大人しかいなかった。援助交際や危険ドラッグが手の届くところにある日常だ。誰しもセーフティーネットからたやすくこぼれ落ちることを、この事件は訴えかける。そう受け止めなければ、亡くなった女児が浮かばれない。

一方で、身内の言葉の重みを感じたのは、「通学路で奪われた9歳の命」だった。死亡した女児の父親や、けがをした同級生二人の両親が証言台に立ち、娘たちの無念さや怒りを代弁した。生前のエピソードが語られると、傍聴席からすすり泣く声が漏れ、私もノートを取りながら涙をぬぐった。事故の悲惨さが、まっすぐに伝わってくる。「女児の名前を忘れてしまった」と述べた被告に、親たちは厳しい言葉を投げかけた。被告は裁判では「衝突の直前で気を失った」と主張。娘の最期をつぶさに知りたいという遺族の思いは満たされなかった。

私は、法廷で発せられる言葉はもちろん、声にならない声も大事に受け止めながら傍聴してきた。法廷で明らかになる事実は、事件全体の一部分に過ぎないといわれる。それでも個々の事件は、時代性を反映しているように思う。事件を通して社会の仕組みを足元から見つめるという認識を持って、これからも法廷取材を続けたい。

（志村英司）

あとがき

「きょうも傍聴席にいます。」は朝日新聞デジタルの人気コーナーである。始まりは2013年5月。これまで約60本の傍聴記を掲載した。初期の29作を収めた『母さんごめん、もう無理だ』に続き、本書は2016年2月から17年7月までの掲載分を収録している。

連載は「法廷で語られる被告の言葉をもっと伝えたい」という若手記者の発案から始まった。事件が起き容疑者が逮捕されると、マスコミは一斉に被害者の遺族、容疑者の知人などに取材をする。警察官や弁護士の話をもとに捜査の状況も報道する。だが、留置・勾留されている容疑者本人には接触できない。起訴されて被告となり、裁判が開かれて初めて法廷で聞くことができる。

法廷でのやりとりは、テレビ中継はおろか録音も禁止だ。開廷後の写真撮影も不可。

取材記者は傍聴席に座り、被告や裁判官、検察官、弁護人の言葉に耳を澄まし、その表情に目をこらす。法廷で語られる事件の様相は、当初、報じられたものとは異なることも少なくない。だが、通常の新聞の裁判記事は12文字×30行程度。長くても50行から60行だ。被告と検察官の犯行状況をめぐる緊迫したやりとりや、情状として弁護人が示す生い立ちや生活状況などまではなかなか書ききれない。

それがデジタルでは、新聞の3倍、4倍の長さの記事の掲載が可能になった。被告の言葉を中心に、法廷で語られる事件の全容を思う存分書こうというのが、「きょうも傍聴席にいます。」の趣旨だ。

執筆は、各地に配属された朝日新聞の記者が担当している。大半は入社10年未満で、いわゆる「駆け出し」だ。私は全作の記事の監修をしたが、若手だからこそより新鮮で自由な感覚で表現し、それがまたこの連載の魅力になっているように思う。

今回掲載した傍聴記のうち、特に多くのアクセスを集めたものの一つが「絶対君主が支配する虐待の家」だ。「絶対君主」と名乗る祖母から10年以上にわたり虐待を受けて育った姉妹は、ついに一線を越えてしまう。なんとか二人が事件を起こす前に救えなかったのか、と思うが、法廷で語られた言葉に答えはない。それでもこの現実を受け止めることから、一歩を歩み始めるしかないのだろう。

ほかにも、妻の病死が受け入れられず残された子と心中を図る父、介護疲れの果てに川へ身を投げる親子らの事件が掲載されている。いずれも平凡な暮らしに起きた異変が事件に結びついたケースで、あらためて法廷は社会を映す鏡だと思う。

前作に続いて、幻冬舎の小木田順子さんからお声がけいただき、今回再び書籍として出版されることになった。心から感謝申し上げます。

今回執筆したのは、光墨祥吾、坂本進、塩入彩、村上友里、千葉雄高、大野晴香、岡田将平、滝口信之、金子智彦、根津弥、志村英司、山本恭介、室田賢、富岡万葉、小笠原一樹、仲程雄平の各記者。書籍化の作業は小林孝也記者が手伝ってくれた。長谷川玲社会部長や平栗大地デジタル編集長ほか多くの同僚から助言をいただいた。

そして朝日新聞デジタルの連載を長く愛読してくださっているたくさんの読者のみなさまに御礼を申し上げます。

２０１７年10月

朝日新聞東京本社社会部次長　三橋麻子

初出　「朝日新聞デジタル」連載
（2016年2月6日～2017年7月20日）

幻冬舎新書 471

きょうも傍聴席にいます

二〇一七年十一月 三十 日 第一刷発行
二〇二一年 二 月二十五日 第二刷発行

著者 朝日新聞社会部
発行人 見城 徹
編集人 志儀保博
発行所 株式会社 幻冬舎
〒一五一―〇〇五一 東京都渋谷区千駄ヶ谷四―九―七
電話 〇三―五四一一―六二一一(編集)
〇三―五四一一―六二二二(営業)
振替 〇〇一二〇―八―七六七六四三
ブックデザイン 鈴木成一デザイン室
印刷・製本所 中央精版印刷株式会社

Printed in Japan ISBN978-4-344-98472-1 C0295
あ-14-1
幻冬舎ホームページアドレス https://www.gentosha.co.jp/
*この本に関するご意見・ご感想をメールでお寄せいただく場合は、comment@gentosha.co.jp まで。